主体性をはぐくむ 障がい児保育

野村 朋・荒木美知子 編
Tomo Nomura & Michiko Araki

文理閣

はじめに

　本書『主体性をはぐくむ障がい児保育』は、保育者・幼稚園教員を目指す人のテキストとして作成されたものである。

　近年は障がいのある子どもが地域の保育園や幼稚園・こども園で保育を受けることができるようになってきた。みなさんが現場に出たときには、どこかで障がいのある子どもと出会うことがあると思われる。また、保育者の仕事の範囲は保育園や幼稚園・こども園以外にも多岐にわたっており、専門的な療育をおこなう発達支援センターなどに就職する人もいるだろう。このテキストは、「子どもを主体にした保育を学ぶ」ことと「事例を中心に具体的に学ぶ」ことに力を入れて編集されている。そのためもあって、保育や療育の現場で活躍する方々に多く執筆していただき、保育や療育の現場で出会う子どもの姿がイメージしやすい内容になっている。

　本書で学ぶみなさんには、障がいのある子どもを一人の子どもとして尊重すること、障がいに関する正しい知識をしっかり身につけること、発達と生活を視野に入れて子どもをとらえることを心にとめて学びとってほしいと願っている。

　本書では「障害」を「障がい」と表記している。法律用語では「障害」となっているが、「害」という文字がマイナスのイメージをあたえるということから「障がい」という表記を採用し、引用や法律などを除いて、このように統一した。また、近年「障がい児」の英語表記は "Disabled Child" ではなく "Child With Disability（CWD）" が用いられている。これは障がいのある一人の子どもという意味で、何よりも人格をもった子どもとしてとらえることを強調する呼称であると言えるだろう。本書では一般的な「障がい児」と表記しているところもあるが、「障がいのある子ども」と表記している部分が多くあるのは、このような立場を表しているからである。

　また、障がいの定義や障がい個々の名称は教育・医療・福祉のそれぞれの分野によって若干の違いがある。本書で使用する定義・名称については不統一な部分もあるが、詳しくは各章の説明や脚注を参照してほしい。

　これら以外でも、みなさんの学習において混乱を少なくするために表記のしかたをなるべく統一するようにした。ただ、専門用語など執筆者の方々の表記に従った箇所もある。

本書は「第1章　障がいのある子どもの発達・障がい・生活」(編集担当：野村朋・荒木穂積)、「第2章　障がい児保育に必要な障がいの基礎知識」(編集担当：井上洋平)、「第3章　障がい児保育と発達支援の関係機関」(編集担当：松島明日香・荒木穂積)、「第4章　家族の障がい受容と成長」(編集担当：深川望・荒木美知子)、「第5章　保育園・幼稚園での障がい児保育と特別支援教育」(編集担当：野村朋・荒木美知子)という構成からなっている。また、巻末に「障がい児保育・教育の関連年表」(附表1～3)を添えている。障がい児保育・特別支援教育の歴史を学ぶ際に参考にしてほしい。さらに最後のページで「絵本で学ぶ障がい児保育・特別支援教育」として、これからのみなさんの学びのイメージ作りに役立つ絵本を紹介している。予習・復習に活用してほしい。

　本書は、みなさんの保育者としての成長の道すじに沿って、障がい児保育の基礎的な事項から出発し、より実践的な学びへと深まるように構成されている。保育者・幼稚園教員を目指す人たちの学びの場での学習テキストと共に、現場での学び直しの学習テキストとしても活用してほしい。

　2019年12月3日
　国際障害者デー（International Day of People with Disability）の日に

　　　　　　　　　　　　　　　　　　編著者を代表して　野村　朋

障がいのある子どもの発達・障がい・生活

障がいのある子どもと障がい児保育

障がいのある子どもも、そうでない子どもも、同じように一人の子どもとして尊重されなければならない。「障がい児」のことを英語では "Disabled Child" ではなく "Child With Disability（CWD)" と表記することが多くなってきている。これは障がいのある子どもをまず主体者（子ども）としてとらえることを強調するためである。表現の意図をくみとり、特別なニーズをもつ子どもであり合理的配慮を求める子ども（権利主体）であるということを、しっかり理解しておく必要がある。障がいといっても多種多様であり、特別なニーズは一人ひとり異なる。障がい児保育は、一人ひとりのニーズにこたえる保育であるといえる。これをつきつめればどの子のニーズも大切にする保育であるといえる。

第 1 章では、「障がいのある子ども」をトータルにとらえることの大切さや、「障がい児保育」の歴史と現状について考えていきたい。

1 ── 障がい児保育の学びの見取り図
～事例から考えてみよう～

■事例①

保育者になって 3 年目のアオキ先生は 3 歳児クラスの担任。7 月からレイちゃんという子どもが途中入園することになった。レイちゃんはダウン症と聞いてアオキ先生は不安でいっぱい。主任は「障がいのことをしっかり勉強して」というし、先輩は「大変ねぇ」と慰め顔。園長からは「障がい児保育はあらゆる保育の基本よ。保育そのものを学ぶいい機会になるよ」と励まされた。「よし！がんばるぞ！」と決意を新たにしたアオキ先生だったが、同期のヤマダ先生には「障がい児だからって特別扱いするのは差別になるんじゃないの？」と言われ、混乱してしまった。

（1）障がいを理解する；障害の特性と発達の関係を学ぶ[※1]

　学生であるみなさんが障がい児保育について学ぶ、という
と真っ先に思い浮かぶのは、保育園で出会う子どもたちはど
のような障がいをもっているのか、個々の障がいについて知
る、ということかもしれない。たとえばダウン症とはどのよ
うな障がいなのか、その特徴は、配慮することは…。そのよ
うに個々の障がいについて学ぶ（これを「障がい特性を知る」
という）ことは大事なことである。また、そのような障がい
特性をもった子どもを保育する際にはどのような方法がある
のか、障がい児保育に関する何か特別な方法があるのか、保
育上の留意点や訓練の必要性や方法などを知りたいと思うか
もしれない。保育者が実際に保育していくには、まずこれら
を知りたいと思うのは自然なことだろう。

■事例②

　アオキ先生はまずダウン症について本を読んだりネットで調べたりしてみた。障
がいの原因や仕組み、特徴などを学ぶことができた。さらにダウン症の子どもの保
育実践を読んだ。アオキ先生は自分ができることをやって少しでもレイちゃんに
とっていい保育をしたいと考えた。そのことを職員会議で話したところ、「障がい
について学ぶことも大事だけど、レイちゃん自身のことを知ることも大事だよ」と
アドバイスされた。

　確かに障がいのある子どもの保育をする際にその特性を知
ることは大切なことである。知識がないことで、その子ども
にふさわしくないかかわりをしてしまうことがあってはなら
ない。アオキ先生は障がい特性を学ぶことで、ダウン症の子
どもは、視力が悪かったり、難聴があったりする場合があ
り、心臓疾患を併せ持つ例も多いことを知った。見えにくい
ことや聞こえにくいことに気付かないまま働きかけたり、心

臓に過度な負担をかけたりしてはいけない、ということもわかった。そして、個人差がとても大きいため、ダウン症の特徴とされていることがすべてレイちゃんに当てはまるわけではないということもわかった。「レイちゃん自身を知る」というのは「レイちゃんの場合はどうなのか」という個人差について知ることなのかな、とアオキ先生は考えた。

　また、子ども理解のためには障がいの特性だけではなく、発達についても理解する必要がある。保育を考えるとき、障がいの特徴だけに目を奪われるのではなく、発達に合った保育をしていくことが大切である。障がいがある子どもは障がいによる制約を受けながらも、障がいのない子どもと基本的には同じ発達の道筋を歩んでいくからである。

■事例③

　アオキ先生はダウン症の子どもたちは、障がいのない子どもとは全くちがう特別な育ちをするのかと思っていた。しかし、ダウン症の子どもの発達も障がいのない子どもの発達と同じように法則性、順序性がある、と学んで少しびっくりした。そして、ダウン症の子は乳児期には運動発達が遅れることが多いこと、知的な発達にも遅れがあることが多いが、それには個人差が大きいということを知った。レイちゃんの場合はどうなのか、発達についてもレイちゃん自身を知ることが大事だということがわかってきた。園長先生から、「レイちゃんは知的発達の遅れがあり、生活年齢は3歳児だが、発達年齢は1歳ぐらい」だと教えてもらい、「去年担当した1歳児保育の経験が役に立つかもしれないよ」と言われたことで、アオキ先生は肩の力が抜けてレイちゃんと出会うのが楽しみになってきた。

　このように障がい児保育について学ぶ、とは障がい特性について学ぶことだけではない。障がいと発達について学ぶこと、そしてその知識をもったうえで目の前の子ども一人ひとりについて具体的にとらえ、保育のあり方を考えることが重要である。

障がいといっても多種多様である。ここでは保育園で出会う可能性の高い主な障がいについて、その障がい特性や保育上の留意点、さらに発達と障がいの関係をどのようにとらえる必要があるのか、それはなぜなのか、それを具体的に学ぶ。[※2]

※2　第2章で学ぶ

> **(2) 障がいの早期発見と早期対応；保育所以外の障がい児保育の場**

■事例④

　そんなとき、アオキ先生はヤマダ先生に「レイちゃんは3歳児でしょう。入園する前はどこかで保育を受けてきたの？」「保育園以外のところにも通っているの？」と質問された。「そうか、そういうこともレイちゃん自身を知るためには必要なことなんだな」とアオキ先生は思った。

　保育園に通う障がい児のなかには、レイちゃんのように入園前にダウン症という障がいの確定診断がなされている子どももいる。保育園に入園する前に児童発達支援センターなどで療育を受けている子どももいれば、保育園に通いながら週に1日程度は専門施設で訓練や療育を受ける併行通園の子どももいる。そして保育園の生活のなかで障がいがあることが明らかになる場合もある。その場合、乳幼児健診などで発達の遅れや障がいの可能性を指摘されて専門施設を紹介される場合や、病院や自治体の発達相談などで明らかになることが多い。子どもの発達が心配になった親から保育者が相談を受けたり、保育者がほかの子どもたちとの違いに気づいて親に相談をすすめたりするケースもある。また、保育者が保育を進める中で、どのように子どもをとらえて保育したらいいのか悩み、専門機関に相談し、支援を受けることもある。

　障がいのある子どもの障がいが発見されるのはどういう場合があり、その後の保育・療育を受ける場にはどんな場所が

あり、そこではどのような取り組みがされているのだろうか。また、保育園と専門機関とはどのように連携していくのか、保育園を卒園した後、小学校に入学するときどのように送り出していくのか、保育園以外の発達支援の関係機関についても保育者は学ぶ必要がある。

そのような障がいの早期発見・対応の場や専門機関の詳細について、学んでいく。[3]

※3　第3章で学ぶ

（3）家族の支援

■事例⑤

　いよいよレイちゃんの登園する日が近づいてきた。アオキ先生は園長・主任と一緒にレイちゃんのお父さん・お母さんと面談した。そこではレイちゃんが生まれたときのこと、レイちゃんの障がいがわかったときのお父さんの気持ちやおじいちゃん、おばあちゃんのことなど、アオキ先生が想像していなかったたくさんの話を聴かせてもらうことができた。

　親は初めから障がい児の親となることがわかっていたわけではない。わが子に障がいがあるという予想もしていなかった事態にうろたえ、悩む過程を経て保育園に入園してくる。また、保育園に入園してから障がいが明らかになる場合もある。親が障がいがあることを受け入れられずに保育者との関係がぎくしゃくすることもあるかもしれない。その過程は障がいの種類や家族の状況などによって違いがあるだろう。多くの場合、親は保育園での生活に対して「うまくやっていけるだろうか」という不安や「保育園に行けば子どもにとっていい変化が得られる」という期待などさまざまな想いを抱いている。保育者はその想いを受けとめて、親とともに子どもの育ちを支援していくことが求められる。

　保育者の役割の一つに「親の子育てを支援する」ことがあ

げられる。子育ての主体は親であるが、その親もまた、成長の過程にある存在であることを忘れてはいけない。親自身も親として子どもの障がいを受け入れ、葛藤しながら成長していくのである。保育者は子育てのパートナーとして家族を支援していくことが大切である。

　また、障がい児の家族は親だけではない。きょうだいもまたさまざまな影響を受けながら育つことになる。レイちゃんの場合、兄がレイちゃんをとてもかわいがっており、園庭開放に遊びに来たときにもレイちゃんの面倒をよく見て仲よく遊んでいる姿があった。近所でも「レイちゃんのお兄ちゃんは優しくていい子」と評判だった。アオキ先生は「いいお兄ちゃんがいてお母さんは助かりますね」と声をかけたが、お母さんは「お兄ちゃんも甘えたいときもあるはずなのに、わがままひとつ言わないことがかえって心配なんです」と話してくれた。一見、問題はないように見えてもその背景を考えて支援していく必要があるんだな、とアオキ先生は改めて考えさせられた。

　障がいのある子のきょうだいは、親（特に母親）が物理的にも精神的にも障がい児にエネルギーをとられていることを気遣って自分を抑えてしまうことも多い。親や保育者もつい「いい子」を求めてしまうことも多いが、「レイちゃんのお兄ちゃん」ではなく一人の子どもとして自分の思いを出せたり、甘えたりする場を作っていくことが大切である。

　第4章では、このような障がい児の家族の想いに寄り添って支援するために必要なことについて学ぶ。^{※4}

（4）保育園・幼稚園での障がい児保育；ともに育ちあう保育とは

■事例⑥

　親の思いを聞いて、ますます頑張ろうと思えたアオキ先生は、レイちゃんを迎えた3歳児クラスの毎日が楽しいものになるようにしようと決意を固めた。ところでレイちゃんのことをクラスの子どもたちはどう受けとめるだろうか？レイちゃんはクラスの子どもたちと仲良くなりたいと思ってくれるだろうか？どんな活動が一緒にできて、難しい活動はどんなのだろうか？ゆっくり時間をかけたらできることはどこまで待てばいいんだろうか？　アオキ先生にはまた新たな心配が生じてきた。

　保育園や幼稚園での障がい児保育の最大の特徴は、障がいのある子とない子が生活を共にすることにある。保育者は障がいのある子どもだけでなく、同時に障がいのない子どもの発達も保障し、活きいきとした生活が送れるように保育を展開していく必要がある。そのなかで障がいのある子とない子がともに育ちあう関係を築いていくことが保育園での障がい児保育の大きな目標となる。しかし、それは簡単なことではない。場合によっては障がいのある子どもが無理やり参加させられたり、いつも活動に参加できずに排除されてしまうかもしれない。また、障がいのある子どもに手を取られてほかの子どものことに目が行き届かなかったりすることもあるかもしれない。

　さらに、障がいのある子の遊びは障がいのない子の遊びと違いはあるのだろうか、園の生活のなかで子どものことを理解していくためにはどんな視点が大切なのか、職員同士の協力体制など、園での障がい児保育には集団保育ならではの配慮と工夫が必要になる。

　障がいのある子をどのような保育体制で受け入れたらいいのか、活動内容や行事はどうしたらいいのか、「一緒に」活

動するということをどうとらえたらいいのだろうか、第5章では保育園や幼稚園での障がい児保育の実際について学ぶ。[※5]

（5）障がいをどうとらえるか：障がい観・障がい児保育観

■事例⑦

　アオキ先生はさらに、障がい児をどうとらえたらいいんだろう、障がいって何だろう、障がい児保育って通常の保育と違うの？でも差別しないで平等にしなきゃいけないよね？と考えがまとまらなくなってきた。「特別扱いは差別」というヤマダ先生の言葉も気になってきた。

　ここまでアオキ先生の心の動きに沿って障がい児保育の学びの見取り図を描いてきたが、最も基本的で大切な問いがここであらわれてきた。保育を学ぶ学生のみなさんは、より実践的で具体的な内容に関心があるかもしれない。しかし、障がい児保育を具体的に学ぶこともちろん重要であるが、障がい児保育の「理念」を抜きにして障がい児保育を学ぶことはできない。障がい児保育がどのような過程を経て成立してきたのか、そもそも「障がい」をどうとらえたらいいのか、障がいのある子どもの権利とはどういうことを示すのか、障がい児保育では何を大切にしなければいけないのかということもあらためて学ぶことが、アオキ先生のように障がい児保育で悩んだとき、混乱したときの方向を見出す手掛かり〜いわば障がい児保育を進めていくための方位磁石のような役割〜となるだろう。このような障がい児保育の歴史や考え方の基本について第1章ではさらに学びを深める。

2 ─── 障がい・生活・発達をトータルにとらえる

　日々の保育で「ねらい」が重要であるように、障がい児

保育においても「ねらい」＝理念を持って保育する必要がある。理念がないと、そもそも何を目指して保育をしているのかあいまいになる。アオキ先生が混乱してしまったように、困難が起こったとき、迷いが出たとき、意見が食い違ったとき、「理念」に立ち返ってもう一度考え直すことが何より大切である。

(1)「一人の子ども」としてとらえる

あなたが実習先の保育園でダウン症をもつ子どもと出会ったとき、その子どものことを「ダウン症のレイちゃん」と、とらえるかもしれない。しかし、「ダウン症」はレイちゃんの一部であってすべてではない。「女の子」だったり、「甘えん坊」だったり、「歌が好き」だったりする。「ダウン症のレイちゃん」である前に、まず「レイちゃん」という一人の子どもとしてとらえる視点が求められている。つまり、障がいを中心にその子どもをみないで、子どもの性格や家族や生活などをトータルにとらえていくことが大切である。

だからといって「ダウン症」であることを無視または軽視して機械的に「みんなと一緒」に扱うことが「平等」というわけではない。

コラムでも取り上げているように、障害のある子どもが

「特別なニーズにもとづいてケア」を受けることはその子どもの「権利」である。その子の障がい・生活・発達に必要なニーズをふまえて適切なケアを受けること（＝合理的配慮）があって初めて平等といえる。保育者は、障がいのある子どもを、まず一人の子どもとしてとらえる。そして、障がい、生活、発達の観点からその子を見ていく視点が重要となる。

（2）「生活」をとらえることの重要性

　つぎのようなケースに出会ったとき、みなさんはどう考えるだろうか？

■事例⑧

　4歳のタクヤ君は、保育園の朝の会で先生が絵本を読んでいるのに、興味を示さず、保育室の中を走り回っています。もう一人の先生が「タクヤ君、座ってみんなと一緒にお話を聴こうね」とことばをかけても知らん顔です。

　ある研修会で、「タクヤ君はなぜこのような行動をとったのでしょう？できるだけ多く、思いつく限りの理由を挙げてください」との問いかけに「タクヤ君は何らかの障がいがあるのではないか」という意見が多くだされた。それ以外にも「絵本が苦手なのでは」「体を動かしたかったのではないか」などの意見が出た。「さらに考えてください」と促すと、「目が悪くて絵本が見えにくいのかも」「タクヤ君は外国人で日

本語がわからないのかも」「おしっこに行きたいが言い出せずにいるのでは」「今まで絵本を読んでもらったことがないから興味がもてないのでは」「朝、家で嫌なことがあってイライラしているのでは」など、さまざまな意見がでた。

　たしかに、朝の会に参加せず、走り回っているタクヤ君の背景には何らかの理由があることが想定できる。あえてタクヤ君の障がいのことを述べずに事例の提示をしたが、タクヤ君は聞こえの障がいをもっている。私たちは障がいのある子どもの、特に「問題行動」と言われるような姿を見たとき、障がいと結びつけてとらえがちである。しかし、「おしっこを我慢している」という生理的状態や「今まで絵本を読んでもらったことがない」など過去の経験の不足、家庭での生活の影響など、生活のなかに問題行動とされる理由が隠されているかもしれない。その子どもの姿をよく観察することが重要となる。意見のなかには「先生の絵本の読み方が下手だった！」という意見があり、みんな思わず笑ってしまったが、子どもの側ではなく、保育者や保育園の環境に「問題」があることもありえる。

　保育者は障がい児保育に限らず、子どもの「生活」に目を向けることが重要となる。保育園の生活では、どこに困難を抱えているのか、その困難を解決するための方法等を考えながら保育を組み立てていく必要がある。

　しかし、子どもの保育園での生活は1日24時間のうちの一部である。保育園の姿だけで子どもを理解するのは十分ではない。子どもの生活の大部分の時間は家族と共に過ごすので、家庭との連携が重要であるのはいうまでもない。子どもの落着きのなさや乱暴などが、家庭での生活や虐待をはじめとする親のかかわりに起因する場合もある。夜早く寝る、朝ご飯を食べるなど生活環境を改善することや孤立していた母親が相談できる場を得たりすることで、子どもの姿に変化がみられることもある。

だからといって「家庭で〜してください」と「正しいかか
わり方」を伝えても問題が解決しないことは多い。たとえば
自閉症スペクトラムの子どもの睡眠障がいによる家族全体の
睡眠不足は、朝ごはんを食べるゆとりがないというように、
子ども自身の発達上の問題が関係していることもある。経済
的に苦しく、保育園から帰った後、別の施設に子どもを預け
てダブルワークをせざるをえない家庭もある。さらに、親自
身が虐待を受けていた生育歴から子育てがうまくいかない場
合や、親自身がさまざまな障がいなどの問題や生活・発達上
の困難を抱えている場合もある。

　いずれにしても保育者は子どもの発達を保障し、親の子育
てを支援する役割を担っている。子どもの発達上の問題を子
どもの生活背景も含めて、親とともに問題解決の方向性を
「共に探っていく」努力が求められる。

（3）障がいと発達

　（1）ではアオキ先生は、障がい児は何か特別な育ちをする
のかと思っていたが、そうではないことを知ってびっくりし
た、とあったが、みなさんはどういうイメージをもっていた
だろうか。ここでは、障がいがある子どもの発達について基
本的なことを学ぶ。

　まず一つ目は、障がいがあってもなくても、発達の基本的
な「みちすじ」は共通であるという点である。ヴィゴツキー
は「本質的には、正常児と異常児の間には差はない。正常者
も異常者も、正常児も異常児もみんな一つの法則に従って発
達していく。差は発達の仕方にのみある[6]」と述べている。

　視覚や聴覚に障がいがある場合、それを補う形でほかの感
覚器官からの情報を中心に発達が進んでいく。（1）に登場し
たレイちゃんのように発達の遅れがある場合も、時間はか
かっても基本的には障がいのない子と同じ「みちすじ」を

※6　ヴィゴツキー、L,S（著）大井清吉・菅田洋一郎（監訳）（1982）『ヴィゴツキー障害児発達論集』ぶどう社

たどって発達していく。アオキ先生が園長先生に「1歳児保育での経験が役に立つ」と励まされたのはそのためである。「レイちゃんが“イヤ！”とひっくり返って泣く姿は、1歳ごろの発達の特徴の姿かもしれない」、というように目の前の子どもの姿を発達の「みちすじ」に位置づけてとらえなおすことで、「自我が誕生してきた証」と理解できれば、保育の手がかりにつながる。

　とはいえ、障がいのある子どもには発達の「みちすじ」をたどるうえでも障がいによる困難があることもまた事実である。二つ目は、そのような困難には個々に応じた「合理的配慮」が必要であるという点である。白石は障がいのある子どもについて「発達の願いを実現するための矛盾だけではなく、自らの障害をも乗り越えていかなければいけない『二重の試練』に立ち向かっている」といい、障がいがあるゆえの困難とその内面への理解と配慮が必要だと述べている。[7]　また、障がいがある子どもにとっても、発達を推し進める力は「あんなことがしたいなあ」というような主体的な願いや意欲であり、大人から見て困った行動である「問題行動」は「〜したいけどできない」という「なやみ」の現れ、発達要求のサインであることは見逃せない視点である。

　そして三つ目は、どんなに重い障がいがある子どもも必ず発達するという点である。私たちは「発達」というときに、「歩けるようになる」「理解できるようになる」といった何らかの能力や機能を新しく獲得することをイメージすることが多い。そのような目に見える発達的変化を「縦への発達」という。しかし、発達は「縦への発達」だけを指すのではない。一見、同じことを繰り返し、変化に乏しいように見える時期にも、活動の対象を拡大させたり、活動の量を増大させたりといった変化がある。これを「横への発達」という。「横への発達」のなかでは、子どもが自信を持ち意欲を広げるというような内面的に大切な変化が起こっており、そのような

※7　白石正久（1994）『発達の扉　上 – 子どもの発達の道すじ – 』かもがわ出版

※8　白石正久（1994）『発達障害論研究序説』かもがわ出版

「横への発達」が次の「縦への発達」を用意するのである[※8]。

　障がいの重い子どものなかには、目に見える変化がなかなかとらえられない場合もある。しかし、子どもの姿を「横の発達」も含めた視点でていねいにとらえれば、そこには必ず何らかの発達的変化がみられるはずである。大切なのはそれを保育者が見落とすことなく、ていねいにとらえることができるかである。

（4）「障がい」をどうとらえるか―WHOの障がい観を学ぶ

　障がいについて考えるとき、脳をはじめとする身体の損傷と機能の不全状態ととらえる医学的・生物学的なとらえ方がある。そこでは、障がいは個人の属性としてとらえられ、治療や援助の対象とされる。

　それに対して、もっと広い意味で障がいをとらえる考え方がある。障がいをその社会的・生活的な困難も含んで広くとらえようとする考え方である。

　その代表的なものは、世界的に最も広く活用されているWHO（世界保健機関）が示す障がい概念である。2001年にWHOはICF（国際生活機能分類：International Classification of

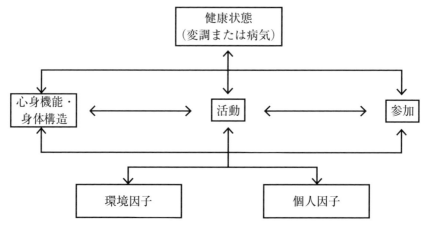

図1-1　ICF（国際生活機能分類）モデル（WHO, 2002）

Functioning, Disability and Health）を採択した（図1-1）。これは障がいを人間の「生活機能（Functioning）」という枠組みから見て、人間の生活がどのような要素で成り立っているかを3つの要素でとらえ、障害や健康についての新しい見方・考え方を提起している。

　図1-1は、ICFのモデルをあらわしたものである。ICFでは、「心身機能・身体構造」「活動」「参加」の3つの要素があり、人が生きていくうえでこれらのすべてが関係しているととらえている。3つの要素の第一は、「心身機能・身体構造」（身体や心の機能、目や耳、手足、内臓などの身体構造）である。ここに問題がある状態を「心身機能・身体構造（Body Functions and Structure）：機能障害（Impairment）」という。

　第二は、人間が生きていくために必要な生活行為（食べる・排泄する・入浴するなど）と余暇活動（遊ぶ・学ぶ・働く）を「活動（Activity）」という。この要素に問題がある状態を「活動制限（Activity Limitation）」という。

　第三は「参加（Participation）」である。人生のさまざまな社会生活にかかわる「参加」である。ここに問題が生じている状態を「参加制約（Participation Restriction）」という。

　以上のべたICF（国際生活機能分類）の視点には次のような特徴がある。第一は、障がいを単に障がい特性や「何ができないか」といった能力障がいとしてとらえるのではなく、障がいがあることで、「生活機能」のどこに不自由や困難が生じているかの全体像をとらえていく視点が提起されている点である。第二は、各要素の矢印が双方向になっている（図1-1）ように、それぞれの要素は互いに影響をし合っている視点である。[*9]

　さらに、「心身機能・身体構造」「活動」「参加」に影響を及ぼすものとして「環境因子」「個人因子」があげられている。「環境因子」とは、家族関係、生活環境、社会制度などをさし、「個人因子」とは、年齢、性別、価値観などをさし

※9　世界保健機関（WHO）（2002）『CF国際生活機能分類—国際障がい分類改訂版』障害者福祉研究会編、中央法規出版

ている。このように、「健康状態（障がい）」は、すべての要素が関連しあっており、決して障がいがあることをマイナス面だけでとらえないという視点である。

　このような視点で障がいをとらえていくことの意義の一つは、障がいがあるが、生活や発達を考えるうえでその子なりの「活動」や「参加」を可能にできる見通しをもてる点である。子どもの抱えている困難を観察し、さまざまな知識や技術を総動員して、その困難の軽減につながる「合理的配慮」を考えることができる。

　（2）で登場したタクヤ君を例に考えてみよう。タクヤ君の健康状態（障がい）は「ことばの発達の遅れ」である。

　「機能・形態障がい」では、タクヤ君は聴力障がい（60デシベル）があり、先生の声が聞きとりにくい。太鼓のような低い音は比較的聞きとることができるが、高い音やわいわいがやがやとした保育室では音を聞きとることが難しいため、絵本の読み聞かせに集中できず、走り回ってしまい、絵本の楽しさを体験できない「活動制限」となっている。そして、コミュニケーションをとりにくいことによって、友だちと楽しさを共有することができない。そこから保育園の生活全体やクラスのさまざまなとりくみに参加できにくい「参加制約」状態となっている。

　第一の意義は、このように要素に分けて考えていくことによって、タクヤ君の「活動・参加」を保育のなかで保障していく方向や方法の見通しをもつことが可能となる。たとえば、タクヤ君に合った補聴器の着用で聴こえを保障することで、絵本を楽しめるかもしれない。タクヤ君が目で見てわかるように絵が大きくてはっきりした絵本を取り入れるなどの教材の工夫も求められる。保育者の顔がみえる場所にタクヤ君の座る場所を配慮する。クラスの子どもたちには、同じ保育園での生活を通して、タクヤ君には前から話しかけるようなかかわり方の模倣ができるような保育者の働きかけも必要となる。

タクヤ君の様子から状況を想像してもらった意見のなかには「先生の絵本の読み方が下手だった！」というものがあり、みんな思わず笑ってしまったが、タクヤ君の「環境因子」のなかに保育者も入っていることに注目してほしい。さらに、4歳までに特別な訓練を受けた経験の有無などタクヤ君の成育歴、障がいにたいする親の理解や、必要な情報が届けられているかなどのタクヤ君の「個人因子」にも十分目をむける必要がある。

　もう一つの意義は、障がいは固定的なものではなく、発達・教育・社会的条件によって変化するということが、明示されることにある。同じ障がい（心身機能・身体構造における機能障がいが同じ程度）をもっていても、合理的配慮のある適切な教育を受けるかどうかで「活動」や「参加」も左右される。さらに、障がいに対する偏見の有無や福祉制度など社会や周囲のあり方も影響する。このようにとらえていくことによって、障がいを運命的なものとしてとらえて諦めるのではなく、障がいによって生じている困難は社会的な条件を変えていくことで、なくしたり、軽くしたりできるという社会的合意が形成されることである。

　障がい児保育では、保育者は障がいのある子の「活動」と「参加」を保障しながら障がいのある子どもの発達を保障していく。保育者のみで対応することが困難な事例もあり、他の専門職と協同するという視野も必要となる。目の前の子どもを理解するにあたって、狭い意味での障がいだけでなく、ICFの視点で障がいをとらえ、保育者としての専門性にもとづいて実践していくことが求められる。そして、そういった広い視野で障がい児保育に取り組むことが、これからの社会的条件を整えていくためのはじめの一歩となるのである。

3 ——— 障がい児保育・教育の歴史と現状

（1）乳児死亡と障がい児の生存

■事例⑨

　アイちゃんはダウン症という障がいのある子どもである。ダウン症は、1866年にイギリスの眼科医ダウンが論文で紹介したことによって広く知られるようになった障がいである。しかし、当時はダウン症が、染色体異常が原因で生じる障がいであることは知られていなかった。1959年になって染色体異常が原因であることが解明された。

　このように障がいの多くは人類の歴史と同じぐらい長い昔から存在していたと考えられるが、その大半は19世紀以降の科学の進歩と発展によってその原因がつきとめられたり、その発生機序がわかったりしてきたのである。ダウン症の子どもは生まれたときの健康状態は虚弱で長く生きられない時代が長く続いたと考えられる。たとえば、日本の場合、江戸時代（1603〜1867年）においては生まれた子どものうち半分育てばよいといわれており、ダウン症の子どもはほとんど成長することができなかったと推測される。日本では、乳児死亡率（出生1000人対）の推移をみると、1935（昭和10）年には100以上、すなわち、生まれた子どものおよそ10人に1人が1年以内に死亡していたが、1955（昭和30）年に40以下、1975（昭和50）年には10以下となり、現在は、乳児死亡率は2.00（2016年のデータ）となってきている（図1-2参照）。日本の乳児死亡率の低さは世界でも高水準にある。医療・保育分野での科学の進歩は、障がいのある乳児を含む多くの命が生きることのできる社会を実現してきている。障がい児保育が成り立つ背景には、生まれてきた子どもたちの生存が支えられる社会的基盤が存在しなければならない。

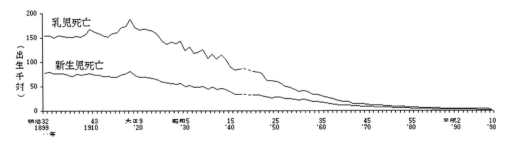

図 1-2　新生児死亡率・乳児死亡率の 100 年の推移—1889（明治 32）年〜1998（平成 10）年—
出所：厚生労働省ホームページ、https://www.mhlw.go.jp/www1/toukei/10nengai_8/hyakunen.html

（2）障がい児保育・教育の制度的確立と発展の歴史

■事例⑩

　レイジくんは現在特別支援学校小学部 2 年生である。自閉症スペクトラムの診断を 3 歳 2 ヵ月のときに受けている。お母さんはレイジくんと視線が合いにくく、飛び出したら戻ってこられないことから「どこか変だ」と気になり始めた。ちょうど 18 ヵ月健診があり、保健師さんに相談したところフォローアップとなった。同時に、保健センターが実施している親子教室で 6 回セッションの遊びの指導を受けることをすすめられた。半年後の 2 歳過ぎのときに療育教室をすすめられ週 1 回通園して指導を受けることになった。療育教室に通園しているときに専門医療機関の受診をすすめられ自閉症スペクトラムと診断された。3 歳 6 ヵ月からは保育園にも通い始め、療育教室と併行して通園した。この頃、保育園では担任のほかに加配の先生も配置され、主にレイジくん担当となった。併行通園は週 2 回（1 回は半日）になり、就学まで続いた。小学校は通常学級、特別支援学級、特別支援学校小学部の 3 つの選択ができたが、就学指導委員会のアドバイスもふまえて特別支援学校に行くことにした。地域の学校との合同の行事や交流もあり、地域での子どもネットワークもある。就学までは療育教室に 4 年間通園したし、保育園では加配制度の適用を受けることができた。障がいを理由に保育園への入園を断られたり、小学校入学の際に就学猶予・免除をすすめられたりすることはなかった。このように障がい児教育や障がい児保育の公的制度が整備されてくるには 100 年以上の長い歴史がある。

①明治・大正・昭和前期

　日本での近代公教育制度は 1872（明治 5）年の学制発布に
始まる。大学校・中学校・小学校を設置することを計画し、
身分・性別に区別なく国民皆学がめざされた。1886（明治
19）年には小学校令が公布され、小学校を尋常小学校（修業
年限 4 カ年）と高等小学校（修業年限 4 カ年）の 2 段階とする
こと、尋常小学校修了までの 4 年間を義務教育期間とするこ
と、疾病・家計困窮・その他やむをえない事情で児童を就学
させることができないと認定された場合には、就学猶予を許
可することができることなどが定められた。

　近代公教育制度としての障がい児教育のスタートは 1878
（明治 11）年の京都盲唖院の設立であるといわれている。明
治の初期のころは障がい児保育や教育は制度としては未整備
であった。視覚障がいや聴覚障がい教育（盲、聾教育と呼ば
れていた）の分野が先行して盲学校、聾学校が設置され、幼
稚部の設置もみられだすが、知的障がい・肢体不自由・病弱
教育の分野での教育制度の整備はおくれた。障がい児保育、
障がい児教育の公教育制度としての整備が本格的にすすむの
は戦後になってからである。しかし、明治、大正、昭和の
初期の時代でも民間施設や病院、学校施設の一部（幼稚部）、
保育園などで障がいのある子どもたちへの保育や教育の試み
があったことにしっかり目を向けておく必要がある（附表 1
～ 3 参照）。

　全国各地で保育園や幼稚園が開設されるようになると入園
児の中に障がいのある幼児や児童もいて一緒に保育がとりく
まれたという記録がのこされている。たとえば大正期の紡
績・生糸工場での女性労働者の労働実態や生活をルポルター
ジュした『女工哀史』（細井和喜蔵）では、工場に隣接した
保育場に多くの障がい幼児が遊んでいたと報告されている。[10]

　日本の知的障がい児教育のパイオニアである石井亮一は、
1891（明治 24）年 10 月 28 日に発生した濃尾大地震（岐阜・

※ 10　細井和喜蔵（1980）
『女工哀史』（岩波文庫・
改版）、岩波書店

愛知地方）の被害児のために「聖三一弧女学院」を設立して救済にあたるが、そのなかに知的障がい児がおり、その子への教育の取り組みを始める。この間、石井亮一はアメリカに渡航し知的障がい児教育に関する見聞をひろめ、帰国後1897（明治30）年に「聖三一弧女学院」を「滝乃川学園」と改め日本で最初の知的障がい児教育を開始する。この仕事は、妻石井筆子に引き継がれる。[※11]

1934（昭和9）年に恩賜財団愛育会が設立され、1938（昭和13）年に愛育研究所が開設されるが、同研究所第二研究室に「異常児保育研究室」が設置され、三木安正研究員を中心に知的障がい児のための保育の実践研究が始められる。同研究室は太平洋戦争によって一時期閉鎖を余儀なくされるが、1949（昭和24）年愛育研究所特別保育室（旧：異常児保育研究室）として再開される。同保育室は私立愛育養護学校および通園施設家庭指導グループの前身となった。[※12]

②昭和後期

日本は太平洋戦争の敗戦後、戦前の天皇制国家体制を改め、日本国憲法を制定し、新しい民主主義国家体制をつくりあげることとなった。教育は義務から権利へと180度転換した。日本国憲法第26条では、

「すべて国民は、法律の定めるところにより、その能力に応じて、ひとしく教育を受ける権利を有する。

すべて国民は、法律の定めるところにより、その保護する子女に普通教育を受けさせる義務を負ふ。義務教育は、これを無償とする。」と定められている。

1947（昭和22）年学校教育法が公布され、1948（昭和23）年4月1日より施行されることとなった。学校教育法には、盲学校、聾学校および養護学校（現在の特別支援学校）の設置義務が規定されているが、付則で、これらの学校の設置義務に関する部分の施行期日は、政令で別に定めるとされた。

※11 津曲裕次（2012）『滝乃川学園石井亮一・筆子が伝えた社会史（1）─女子教育から知的障害者教育へ─』（シリーズ知的障害者教育・福祉の歩み1）大空社

※12 河合隆平（2012）『総力戦体制と障害児保育論の形成─日本障害児保育史研究序説─』緑蔭書房

盲学校、聾学校の義務化は、1948（昭和23）年より学年進行で整備され、義務制の完成は、9年後の1956（昭和31）年であった。養護学校（特別支援学校）の義務化は、25年後の1973（昭和48）年に「学校教育法中養護学校における就学義務及び養護学校の設置義務に関する部分の施行期日を定める政令」が公布され、学校教育法施行31年後の1979（昭和54）年から、義務制への移行が実現した。就学義務の免除・猶予の規定は、戦前からの規定が引き継がれた。

糸賀一雄は、1946（昭和21）年11月に、池田太郎、田村一二とともに近江学園を設立し初代園長となった。近江学園では、戦災孤児を収容するとともに、知的障がい児の教育に取り組んだ。その後、落穂寮、信楽寮、あざみ寮などの施設を設立した。[13]

※13　糸賀一雄（1965）『この子らを世の光に―近江学園二十年の願い―』柏樹社（復刻版）NHK出版、2003年

障がい児保育の分野では、1949（昭和24）年に戦争で閉鎖されていた愛育研究所特別保育室（旧：異常児保育研究室）が再開された。1955（昭和30）年には特別保育室は母子愛育会愛育養護学校（幼稚部・小学部）となった。この年、京都の白川学園に併設されていた鷹ヶ峰保育園で特別保育（現：ひなどり学園）が実施された。1957（昭和32）年の児童福祉法の改正によって知的障害児通園施設（当時の名称は精神薄弱児通園施設）が新設されたが、対象は満6歳以上で就学免除・就学猶予によって公教育の対象外とされた知的障がい児の受け皿となった。1963（昭和38）年東京教育大学附属大塚養護学校に幼稚部（5歳児、翌年4歳児に拡大され2年課程保育となる）が設置された。

1960（昭和35）年には、身体障害者福祉法（1949年）および精神衛生法（1950年）に遅れて精神薄弱者福祉法（当時の名称。1999年4月施行の「精神薄弱の用語の整理のための関係法律の一部を改正する法律」により知的障害者福祉法と改められた）が公布・施行された。この頃、糸賀一雄らは、近江学園の20年間の経験をもとに『この子らを世の光に！』と慈悲

から権利へのパラダイム転換の必要性を訴えた。[13]

　1961（昭和36）年に日本で最初の重症心身障害児施設島田療育園が設立された。ついで、1963（昭和38）年には糸賀一雄らによって重症心身障害児施設「びわこ学園」が設立された。糸賀は、田中昌人らとともにびわこ学園を舞台に1968年療育記録映画『夜明け前の子どもたち』を完成させ、全国での上映運動に取り組んだ。映画は、重症心身障がい児とよばれている子どもたちの1年間の療育活動のようすを映し出している。「どんなに重い障がいがある子どもでも無限の発達の可能性をもつ」こと、「発達は権利である」ことを訴えている。この映画は、就学猶予・免除の状態に置かれていた障がい児の教育権保障の取り組みに大きな影響をあたえた。[14]

　1960年代後半〜1970年代は、日本において障がい児の教育権保障運動が全国的に展開した時期である。学齢期の障がい児の学校教育への受け入れの試みと呼応して、全国で幼稚園や保育園で障がいのある幼児を受け入れる試みが広がった時期でもある。全国での障がい児の教育権保障運動の高まりもあって、学校教育法施行から25年後の1973（昭和48）年に「学校教育法中養護学校における就学義務及び養護学校の設置義務に関する部分の施行期日を定める政令」が公布され、1979（昭和54）年から養護学校教育を義務教育とすることが決定された。

　この年、滋賀県大津市では「保育元年」と位置づけた障がい児保育がスタートした。大津市は障がいのある子どもたちの希望者全員を一般の保育園・幼稚園に受け入れることを表明し、この年を「保育元年」と名づけて障がい児保育施策をスタートさせた。大津市の障がい児保育の取り組みを広く広報する目的で、『保育元年』（1976年）、『続保育元年』（1977年）、『続々保育元年』（1978年）の三部作を企画・制作した。大津市では、田中昌人（当時、近江学園研究部）や田中杉恵（当時、大津市健康センター嘱託職員）らの協力をえて、「乳幼

※14　田村和宏・玉村公二彦・中村隆一（2017）『発達のひかりは時代に充ちたか？―療育記録映画「夜明け前の子どもたち」から学ぶ―』クリエイツかもがわ

児健診大津・1974年方式」（「受診もれ、発見もれ、対応もれ」をなくす）および「障害乳幼児対策・大津1975年方式」（乳幼児健診を中心とする早期発見、早期療育、保育園・幼稚園の保育・教育）の大津方式とよばれるモデルをつくりあげている。これは、全国の乳幼児健診および障がい乳幼児対策のモデルとなった。大津方式は、早期発見、早期対応と療育施設、保育園・幼稚園での障がい児保育および就学後の障がい児教育が一貫性をもって総合的に取り組まれることの重要性を示した地域療育ネットワークのモデルとなるものであった。田中らは、映画『光の中に子供たちがいる』（3部作）の制作にも取り組み、障がい児保育の普及に大きな影響力をあたえた。[15]

※15　稲沢潤子（1981）『涙より美しいもの―大津方式にみる障害児の発達―』大月書店

　学校教育法が施行されて31年後の1979（昭和54）年に養護学校の義務制が実現した。障がい児の親に対して就学義務が課され、国および地方自治体には養護学校の設置義務が課された。すべての障がい児に教育権が保障されることとなった。図1-3に示されるように1979（昭和54）年を区切りに就

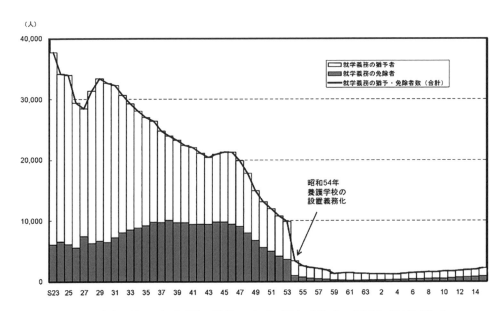

図1-3　就学義務の猶予・免除者数の推移―1948（昭和23）年～2003（平成15）年―
　出所：文部科学省ホームページ、https://www.mext.go.jp/b_menu/shingi/chukyo/chukyo3/gijiroku/04080201/006/001.pdf

学猶予・免除者が減少していることがわかる。1979（昭和54）年は前年に比較して 6,488 名（免除者 2,654 名、猶予者 3,834 名）減少し、3,384 名（免除者 960 名、猶予者 2,424 名）となった。

　養護学校義務制が実現して以降、就学前の障がい児保育と学校との接続が一層重要となってきた。療育施設、保育園・幼稚園での障がい児保育の取り組み内容が学校教育にどのようにつながり、積み上げられていくかが求められるようになっていった。障害者福祉計画、障害者教育計画に加えて、IEP（個人別教育指導計画：Individual Education Plan/Program）の立案や作成が学校・幼稚園・保育園・療育施設などですすめられるようになった。

③平成・令和

　1989（平成元）年「子どもの権利に関する条約」（「児童の権利に関する条約」とも呼ばれる）が国連総会で採択された。この条約は 20 世紀でもっともすすんだ人権条約であるといわれている。その理由の 1 つは、子どもの主体性を最大限尊重している点である。成人に達する以前でも、その人格と人権が最大限尊重されなければならないことを謳っている。障がいのある子どもにたいしても、「障害を有する児童が可能な限り社会への統合及び個人の発達（文化的及び精神的な発達を含む）を達成することに資する方法で当該児童が教育、訓練、保健サービス、リハビリテーション・サービス、雇用のための準備及びレクリエーションの機会を実質的に利用し及び享受することができるように行われるものとする」（第23 条 2 項：外務省訳）ことを権利として明記している。

　国際連合は、1983～1992 年までの 10 年間を「国連・障害者の 10 年」と宣言し、各国に計画的な課題解決に取り組むことを求めた。最終年にあたる 1992（平成 4）年に、世界で障がい者の数が最も多いアジア太平洋地域では、この取り組みを継続させることを目的に「アジア太平洋障害者の

10 年（1993～2002）」（国際連合アジア太平洋社会経済委員会：
UNESCAP）を採択した。「アジア太平洋障害者の 10 年」の
最終年にあたる 2002（平成 14）年には、最終年ハイレベル
政府間会合が滋賀県大津市で開催（10 月 25～28 日）された。
この会合で「アジア太平洋障害者のための、インクルーシブ
で、バリアフリーな、かつ権利に基づく社会に向けた行動の
ためのびわこミレニアム・フレームワーク」が採択された。
ここで合意されたフレームワークは 2006 年に国際連合で採
択された「障害者に関する権利条約」に大きな影響力をあた
えた。糸賀一雄らの『この子らを世の光に！』という慈悲か
ら権利へのパラダイム転換の考え方は、障がいのある人たち
の権利を実現する理念として国際基準のフレームワークと
なった。

　特別支援教育ということばを文部科学省が使用し始めたの
は 2001（平成 13）年からである。特別支援教育は、特別な
教育的ニーズ（Special Needs of Education）および特別なニー
ズ教育（Special Needs Education）の概念を反映したもので
ある。その起源は 1978 年のイギリスの「ウォーノック報告」
およびこの報告を受けた、1981 年のイギリス教育法改正で
あるといわれている。[※16]特別支援教育では対象となる子ども
を、「特別な教育的ニーズ」のある子どもととらえ、教育対
象の拡大を図る意図がある。

　2004（平成 16）年、従来の障害者福祉三法（身体障害者福
祉法、精神保健福祉法、知的障害者福祉法）でカバーできない
領域として発達障がいがあることから発達障害者支援法が公
布され、2005（平成 17）年 4 月 1 日から施行された。この法
律では、発達障がいについて「『発達障害』とは、自閉症、
アスペルガー症候群その他の広汎性発達障害、学習障害、注
意欠陥多動性障害その他これに類する脳機能の障害であって
その症状が通常低年齢において発現するものとして政令で定
めるものをいう」（第 2 条 1 項）と定義されているが、これは

※16　メアリー・ウォー
　ノック、ブラーム・ノー
　ウィッチ、ロレラ・テル
　ジ（編）、宮内久絵・青
　柳 まゆみ・鳥山由子（訳）
　（2012）『イギリス特別な
　ニーズ教育の新たな視
　点』ジアース教育新社

一般の学術上の定義と比較すると狭義の定義となっている。広義には、生得的な脳機能の不全や異常が原因で精神発達に影響をおよぼした結果、発達期において日常生活上のハンディキャップを生じている状態をいい、狭義の発達障がいのほかに精神発達遅滞、脳性まひ、てんかん等を含む。

　文部科学省は、毎年特別支援教育の対象児童数の推計をだしているが、2014年の調査では、義務教育段階（小学校・中学校）の児童数1,009万人中、特別支援学校在籍児童数約70,000人（0.69％）、特別支援学級在籍児童数約201,000人（2.00％）、通常学級で通級指導を受けている児童数約90,000人（0.89％）、通常学級に在籍している学習障害（LD）、注意欠如多動性障害（ADHD）、高機能自閉症（HFA）、その他の児童数約656,000人（6.5％）、合計1,017,000人（10.08％）としている。10人に1人が特別な教育的ニーズをもつ子どもであるといえる（図1-4）。

　就学前の幼稚園、保育園、療育施設に在園する「特別な保

・**特別支援学校(Special School)**
　　<u>0.69%</u>　　　（約70,000人）
・**特別支援学級(Special Class)**
　　<u>2.00%</u>　　（約201,000人）　　　**3.58%**
　　　　　　　　　　　　　　　　　　　(約361,000人)
・**通常の学級 （Regular Class)**
　　<u>0.89%</u>　　　（約90,000人）

・**この他に通常の学級 （Regular Class)**
　に在籍するLD・ADHD・HFAなど　　　**6.5%**
　　<u>6.5%</u>　　　（約656,000人）　　　**(約656,000人)**

特別支援教育の対象となる児童数は　　合計 **10.08%**
10人の1人と推計される　　　　　　　**(約1,017,000人)**

図1-4　特別支援教育の対象児童数（義務教育段階）の推計
　　　（2015年5月1日現在：児童数1,009万人）
出所：文部科学省ホームページ、https://www.mext.go.jp/a_menu/shotou/
　　　tokubetu/__icsFiles/afieldfile/2017/02/21/1236746_01.pdf 筆者修正

育ニーズ」のある幼児数は、義務教育段階の児童数よりも多いと思われる。近年、就学前の特別な保育ニーズと関わって「気になる子」と総称して呼ばれることがある。「気になる子」のなかには、障がいのある子で「障害」の診断を受けている子ども、まだ「障害」の診断を受けていない子ども、学習障害・注意欠如多動性障害・高機能自閉症など発達障害（狭義）が疑われるが就学前ではまだその診断が難しい子ども、家庭の事情や家族関係によって「気になる行動」のある子ども、外国籍の家族をもつ子どもで日本語環境にまだ慣れていない子どもなどがいる。「気になる子」の多くは、障がい特性を考慮した合理的配慮を必要とする子どもたちであるが、家族や環境を考慮した合理的配慮を必要としている子どもたちがいることにも留意する必要がある。[*17]

　レイジくんのように障がいのある子もない子も保育や教育が権利として社会に位置づき、障がいの発見から一貫して特別な保育・教育ニーズに対応した支援をうけることができ、入園や入学など人生のライフイベントに対応したときに選択できる条件が整えられるようになってくるのには100年余の障がい児保育・教育の歴史があることを知っておきたい。今日では、21世紀の社会発展や科学技術の進歩に支えられ、一人ひとりの発達の権利が実質的に保障されるためにはどのような取り組みをすすめていかなければならないか考えていく必要がある。

※17　野村朋（2019）「気になる子」の保育研究の歴史的変遷と今日的課題、保育学研究、第56巻3号、70-80.

 Column 1　障害者権利条約と合理的配慮

　障害者の権利に関する条約（略称、障害者権利条約：Convention on the Rights of Persons with Disabilities[*1]）は、2006年12月13日に国連で採択され、2008年5月3日に発効した。日本政府は、2007年9月28日に条約に署名したが、国

34

内法の整備などを理由に7年後の2013年12月4日に批准した。2014年1月20日に批准書を国連に寄託し、日本は世界で140番目（EUを含めると141番目）の批准国となった（2019年11月現在の批准国は181か国である）。2014年2月19日に同条約は日本について効力を発生した。なお、条約は、憲法の下位かつすべての国内法の上位に位置する法律である。

　障害者権利条約は、「全ての障害者によるあらゆる人権及び基本的自由の完全かつ平等な享有を促進し、保護し、及び確保すること並びに障害者の固有の尊厳の尊重を促進することを目的」としている（第1条）。

　障害者権利条約では第2条において、「障害に基づく差別」が定義されている。「差別」を解消するためのアプローチの一つとして「合理的配慮」（reasonable accommodation）を求めている。「合理的配慮とは障害者が他の者との平等を基礎として全ての人権及び基本的自由を享有し、又は行使することを確保するための必要かつ適当な変更及び調整であって、特定の場合において必要とされるものであり、かつ、均衡を失した又は過度の負担を課さないものをいう」（第2条）。具体的には、保育園における障がい児加配制度（人材確保）、保育施設のユニバーサルデザイン化（段差の解消、開き戸から引き戸へのドアの工夫、エレベーターの設置など）、障がい特性に応じた個別保育計画の作成や教具の提供などである。合理的配慮は、障がいのある人たちが暮らす場所（園・学校・職場や地域）で、一般市民の人たちと同じよう（差別なく平等）に生活していくことを促進するための配慮および工夫のことである。

　障害者権利条約の批准および批准に向けた障害者基本法（1970年制定、2004年および2011年改正）や障害者差別解消法（2013年制定）などの国内法の整備は、障がい者の権利の実質化をすすめるスタートと位置づけられるものである。また、法整備がすすむ以前であっても法律の制定待ちにならないで合理的配慮によって権利の侵害を防ぎ、権利の実質化へとすすめる関係者の努力が求められている。

　※1　障害者の権利に関する条約（略称、障害者権利条約）：外務省ホームページ, https://www.mofa.go.jp/mofaj/fp/hr_ha/page22_000899.html

インクルード（含める：include）の語源は、「中に（in-）閉じる（claudo）こと」で、エクスクルード（閉め出す：exclude）「外へ（ex-）閉め（claudo）出すこと」と対をなす。『障害者権利条約』では、重要な一般原則の一つとして「閉め出すこと（排除）」ではなく「含めること（包容）」すなわち「社会への完全かつ効果的な参加及び包容」（full and effective participation and inclusion in society：第3条（c））が謳われている。すべての人々が参加し、包容される社会をインクルーシブ社会（inclusive society：包容社会または共生社会）という。

　インクルーシブ教育（inclusive education）という概念（インクルージョン教育：inclusion education とよばれることもある）が広く世界に知られるようになったきっかけの一つは、サラマンカ声明[*1]（1994年：スペイン、サラマンカ）である。「万人のための教育（Education for All：EFA）」を前進させるためには「インクルージョンと参加こそ、人の尊厳や人権の享受と行使にとって必須のものである。教育という分野では、これは真の機会均等化をもたらそうとする方略の開発の中に反映される」ことをめざして世界によびかけた声明である。サラマンカ声明では、特別なニーズ教育（Special Needs Education：SNE）の歴史と新しい考え方が次のように提案されている。「過去20年間における社会政策にみられた傾向は、統合（integration）と参加（participation）を促進すること、ならびに排除（exclusion）と戦うことであった」、「特別な教育的ニーズをもつ子どもたちは、彼らの効果的教育を保障するのに必要とされるあらゆる特別な支援を受けなければならない。インクルーシブ校教育は、特別なニーズをもつ子どもたちと仲間たちとの連帯を築き上げる最も効果的な手段である。特殊学校－もしくは学校内に常設の特殊学級やセクション－に子どもを措置することは、通常の学級内での教育では子どもの教育的ニーズや社会的ニーズに応ずることができない、もしくは、子どもの福祉や他の子どもたちの福祉にとってそれが必要であることが明白に示されている、まれなケースだけに勧められる、例外であるべきである」。特別なニーズ教育の対象は、障がいのある子どもたちだけでなく、ストリート・チルドレンや労働している子どもたち、辺境地域

や遊牧民の子どもたち、言語的・民族的・文化的にマイノリティーの子どもたち、難民や貧困家庭の子どもたちも含まれる（サラマンカ声明『特別なニーズに関する行動のための枠組み』「特別なニーズ教育における新しい考え方」参照）。

　インクルーシブ教育を実現する社会の仕組みのことをインクルーシブ教育システム（inclusive education system）という。インクルーシブ教育システムのもとで、障がいのある子どもたちは、「(a) 人間の潜在能力並びに尊厳及び自己の価値についての意識を十分に発達させ、人権、基本的自由および人間の多様性の尊重を強化すること、(b) その人格、才能及び創造力ならびに精神的及び身体的な能力をその可能な最大限度まで発達させること、(c) 障害者が自由な社会に効果的に参加することを可能とすること」。そして、これらを実現するためには、①一般教育システム（general education system）から排除されず、②平等を基礎に、自己の生活する地域社会において、障害者を包容し、質が高く、かつ、無償の初等教育および中等教育を享受することができること、③個人に必要とされる合理的配慮（reasonable accommodation）が提供されること、などが権利として定められている（『障害者権利条約』第24条教育）。

　※1　サラマンカ宣言：独立行政法人国立特別支援教育総合研究所（旧 WEB サイト）ホームページ, www.nise.go.jp/blog/2000/05/b1_h060600_01.html#sen2_01

障がい児保育に必要な障がいの基礎知識

障がいを理解するとは？

　保育園でのお迎え場面のこと。「ダイちゃんはね、友だちの横でお気に入りの絵本をめくったり、友だちが遊んでいるブロック遊びに飛び入り参加していましたよ」と、担任のヨシダ先生が保護者に伝えている。そばにいたサツキちゃんも、「ダイちゃん、ニコニコえがおだったよ」とダイちゃんの保護者に伝えている。

　ヨシダ先生は、ダイちゃんの障がいは自閉症スペクトラムだと知っている。当然ながら、保護者に「自閉症スペクトラムのダイちゃんはね…」などと様子を伝えたりはしない。なぜだろうか。単なる伝え方の問題だろうか。それともヨシダ先生のダイちゃんに対する理解のありようの問題だろうか。

　第 2 章では、「障がいを理解する」とはどういうことなのか、じっくりと考えていきたい。

---

1 ——— 視覚障がい

■事例⑪

　5歳児のアスカさんは、眼鏡をかけてもものがはっきりとは見えず、本の絵や記号は目を机にくっつけるようにして見ている。暗い部屋ではものが見えにくく、逆に窓から強い光が入る部屋では眩しくて困っている。いつも遊んでいる場所では友だちといっしょに元気に走り回っているが、初めての場所ではすごく怖がる。友だちの顔を覚えるのが苦手である。しかし、声を聞き分けていて、友だちの名前を覚えている。知らない言葉（ものの名前など）も多いが、しっかりと会話ができる。ただ、保育室で保育者が「あっち」とか「それ」とか言って指さしをすると、アスカさんは何を見たらいいのかがわからず、困っていることがある。

　同じ5歳児のアキラくんは、光を感じることはできるが、ものを見ることができない。友だちと遊ぶのが大好きで、仲良く遊ぶことができる。しかし、友だちの表情を見ることができないので、気持ちの行き違いによるトラブルが起こることがある。ピョンピョン跳んだりクルクル回ったりすることがあったので自閉症スペクト

ラムを疑われたことがあった。アキラくんが一番困るのは、保育室でものの置き場所が勝手に変えられることや廊下にものが置かれたりすることだ。大きなケガにもつながりかねない。アキラくんの得意なことは音楽で、メロディーを何度か聴いただけで伴奏を付けてピアノをひくことができる。リズム感が良く、ドラムも上手である。

(1) 視覚障がいとは

　視覚障がいは「目が見えない、あるいは見えにくい（不十分にしか見えない）」障がいで、一般的には盲と弱視に分けられる。

　「見えない」状態が盲で、「見えない」にも「光を感じない（全盲）」「光は感じる（光覚弁）」「眼の前で動かす手の動きは感じる（手動弁）」「眼の前に出された指の数がわかる（指数弁：ほぼ、0.01の視力）」の各段階がある。

　これらの場合、視覚を使った学習が不可能もしくは困難なため、主に聴覚や触覚を使って生活・学習し、読み書きには通常点字を使用する。

　「不十分にしか見えない」状態が弱視で、「両眼の矯正視力[1]が0.3未満で、視覚を使った学習や日常生活上の行動はできるが、学習や生活上に大きな困難がある」というのが一般的な定義である。視力の問題だけではなく、視野の問題、暗順応の問題、眼球運動の問題などが含まれる。

　これらの場合、残存する視覚をフルに活用しながら他の感覚や補助具を使って生活・学習し、読み書きには通常墨字（すみじ）[2]を使用する。

※1　矯正視力：眼鏡などで矯正した視力⇔裸眼視力

※2　墨字：「晴眼者（せいがんしゃ）[3]」が読み書きする文字⇔点字
※3　晴眼者：視覚障がいのない人⇔視覚障がい者

(2) ものを見る仕組みと視覚の問題

　ものを見て認知する器官は、眼球・視神経・大脳中枢である。

たとえば「リンゴが見える」というプロセスを考えてみよう。リンゴに光が当たり、反射した光が目に入る。その光はまず角膜で大きく屈折して、眼球の内部に入っていく。角膜を通過した光は、水晶体（厚さが変化する凸レンズ。遠くを見るときには薄くなり、近くを見るときには厚くなる）でさらに屈折し、硝子体を通って網膜（光を感じ、強さ・色などを識別する視細胞がある）で像を結ぶ（図 2-1）。

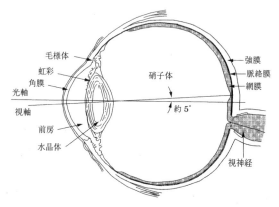

※4　鵜飼一彦（2004）眼の仕組みと脳への経路、映像情報メディア学会誌、第58巻1号、38-43.

図 2-1　目の構造（鵜飼一彦，2004、p.38 より引用）[※4]

　網膜に映った像は電気信号に変換され、視神経を通って大脳の後頭葉にある視覚中枢で映像として認知される（リンゴと認識されるためには言語中枢などとの関係があるが、ここでは扱わない）。

　このどこかのプロセスで損傷や欠損、病気、機能不全があったりすると、見えなくなったり、見えにくくなったりする。

(3)「見えない」「見えにくい」ということは

　ヒトが外界から受け取る情報の80％以上は視覚からの情報だと言われている。視覚情報は、聴覚情報や触覚情報とは異なり、「同時に広い範囲の情報を一瞬のうちに取り入れる

ことができる」「特に意識しなくても多くの情報が入ってくる」という特性がある。

　ところが「見えない」「見えにくい」状態になると、視覚情報を全くあるいは不十分にしか取り入れることができないので、多くの困難が生じる。

　幼児期の発達との関係で考えてみよう。一般的に幼児は、親やきょうだい、友だちなど周りの人のしていることを見て、真似ることで多くのことを学び、意欲を高めていく。音声言語を使用する前には「指さし」があり、「視線の共有（相手と同じものに視線を向ける）」がある。また、特に意識することなく周りや相手を見ることで、空間や身体を認知し、自分なりに構成していく。

　しかし、盲の状態であればそれはできないし、強度の視覚障がいがある幼児にも極めてむずかしい。

　したがって、「見えないのなら言葉で指示をする」「視覚障がいに必要なものは点字と白杖[5]」「見えないから手伝ってあげる」などと単純に考えては支援にならない。各種資料や図書（ハウツウ本を含む）を参考にしながら想像力を駆使して、「どのように支援すれば視覚情報に代わる情報を本人が取り入れて主体的に活動し、可能な限り確かで豊かな経験ができるか」と考え、試行することではじめて相手に応じた支援になる。

※5　もちろん、聴覚情報できっちりと伝えることが基本中の基本である。また、視覚障がいは「読み書きの障害」と「移動の障害」とも言われることがあり、盲の状態であれば点字や白杖の指導は不可欠である。

（4）支援や配慮のポイント

　特に重要なものを3つに絞って紹介する。

① 相手を名前で呼びかけ、こちらの名前を名乗り、声をかける

　まず、誰がいるのかわからない。こちらの声を覚えてくれるまでは、誰から話しかけられているのかわからない。弱視でも、離れていれば誰なのかがわからないということに留意

しておきたい。

②「これ」「あれ」「こっち」「あっち」などの言葉は使わない

「これ」「あれ」「こっち」「あっち」などの言葉を使われても見えなければ何も伝わらないし、見えにくければ混乱させることになる。どんな言葉なら伝わるだろうかと考えることが大切である。一定の発達段階になれば「○○の左、○cmの場所」「あと○歩先」などというように具体的・明確に伝えることが必要である。私たちは普段、無意識に「指さし」や「こそあど言葉」を使ってしまうことを自覚しておきたい。

③保育室の中は明確に構造化し、物を置く場所を変えない

「自分が真っ暗な部屋で何かを探すとしたら」と想像力を働かせてほしい。視覚障がいのある人は、"どこに何があるか、歩けるところはどこか"ということを記憶して移動しているので、机や物の置き場所を変えたりすると全くわからなくなる。何もなかった廊下などに物が置いてあると非常に危険である。

点字ブロックの上に自転車を放置することなど論外である。

近視や老眼を含めて成長過程で見えにくくなった場合は、「鮮明に見える」ということがどんな状態なのかがわかっているので、「見えにくくなった」と意識することができる。

しかし、先天的な弱視の子どもは、生まれてからずっとその状態が続いているのでそれが普通だと思っており、見えにくいと訴えることはほとんどない。私たち大人が「どのように見えているだろうか」と気にかけることが大切である。

また、視機能や視知覚は、小学校低学年までの時期に「網膜に結ばれた像を脳が分析・統合し、他の感覚情報と合わせ

て認知する」ことの積み重ねによって発達する。可能な限り鮮明な像を結び認知できるように早期から支援することが大切である。

(5) 専門機関での相談や専門機関での指導

どんな障がいであろうと、子どもが生活し学習するすべての場で子どもへの理解を深め、適切な配慮と支援をすることが必要である。ただ、視覚障がいは他の障がいに比べて出現率が少ないこともあり、ノウハウが共有されているとは言い難い。そこで、専門機関[6]と相談しながら指導・支援することを勧めたい。

今はいわゆる全盲の子どもを含め視覚障がいのある子どもの多くが保育園や幼稚園、通常の学校で生活し学習しており、合理的配慮[7]によりそれが十分可能なことは確かである。

統合保育（教育）を否定するものではないが、視覚障がいのない子どもたち（一瞬のうちに場面がわかり周りの状況が見て取れる子どもたち）とは情報把握の方法や時間配分が異なるので、通常の保育・教育の場（だけ）では「広くて薄い」経験しかできない。

経験量の不足を補うためには、量的に多くの経験をさせるのではなく、「核になる体験」を重視することが大切なのである[8]。

したがって、盲学校（視覚特別支援学校）の幼稚部やライトハウスなどの幼児教室で、視覚障がいのある仲間と共に学習することには大きな意味がある。視覚障がいの諸特性に応じた指導や支援によって子どもの主体的な活動が促され、必要なスキルを獲得するための指導を受けることは有意義である。

さまざまな資料や書籍などを参考にしながら、視覚障がい[9]の理解を深め、一人ひとり異なる子どもの理解に努めながら、必要な配慮と支援を見つけてほしい。

※6 京都府立盲学校、京都ライトハウス、日本ライトハウス、大阪府立南視覚支援学校、大阪府立北視覚支援学校、等

※7 第1章コラム1参照

※8 香川邦生 編著（2016）『五訂版視覚障害教育に携わる方のために』慶應義塾大学出版会

※9 千田耕基 監修、大蔵滋之編（2008）『発達と障害を考える本 ⑩ ふしぎだね!? 視覚障害のおともだち』ミネルヴァ書房
　独立行政法人国立特別支援教育総合研究所 HP https://www.nise.go.jp/nc/for_educators?category=family

2 ——— 聴覚障がい

　ユカちゃんは4歳。生まれた病院で新生児聴覚スクリーニングを実施し、その後両耳がほとんど聞こえないことがわかり、1歳3ヵ月のときに人工内耳を埋め込む手術をうけた。人工内耳とは、補聴器ではあまり効果がない場合、耳の奥にある蝸牛に直接電極を埋め込み、電気信号によって音を脳にまで届けるというものだ（図2-2）。ユカちゃんはその後、週に1度の療育を受けながら徐々に言葉を獲得していった。現在、療育日以外は地域の保育園に併行通園している。聞こえる子どもに比べると初語や二語文が出るのはゆっくりだったが、今では保育者や友だちとのおしゃべりも大好きだ。

　ユカちゃんは、朝起きたときから寝るまで、お風呂の時間以外はずっと人工内耳を装用している。人工内耳の電池がなくなったら「きこえないの。でんちいれて」と保育者に言いにいく。園庭ではブランコなど遊具で遊ぶのが得意。発話は少し不明瞭で音程はとれないが手遊び歌を大きな声で歌うのも好きだ。

　保育者が「お昼ごはんの準備よ。手を洗いに行こう」と声をかけると、みんなが一斉に動く。そんなとき、ユカちゃんはよく遅れていた。補聴器や人工内耳は雑音が苦手だ。甲高い子どもたちの声が響く室内では、少し距離が離れている保育者の声が聞こえないため、みんなの動きを見てからワンテンポ遅れて同じように行動しようとしていたからだ。

　少し前まで、そんなときには保育者がユカちゃんを隣の静かな部屋に連れて行ってもう一度話をすることが多かった。最近、お母さんが首に掛けるピンマイクを先生に渡して「これは補聴援助システム（図2-3）といって、少し離れたところの保育者の声を人工内耳まで無線で届けるマイクです。大勢のなかで話をするときに使ってみてください」と説明した。これを使うと、雑音があるところでもユカちゃんにはっきりと声が伝わるようだ。今も後ろを向いていたユカちゃんが「は〜い！」と明るい声をあげて、友だちといっしょに立ち上がった。

　人工内耳やマイクについて「これは、ユカちゃんのお耳を助けるもの。とっても大事なものだから、引っ張ったりしないでね。みんなお顔をしっかりみて話そうね」

と保育者はよく言っている。朝、仲良しのマミちゃんは、ユカちゃんの顔を正面から
のぞき込むようにして「さっき、ホーホケキョって聞こえたよ」と伝えていた。

　また、保育者は絵本の読み聞かせのときに簡単な手話単語や身振りをつけている。
動物の名前や、「食べる」「遊ぶ」「おしまい」などの簡単な動作手話を使うことで、
子どもたちはお互いに伝えあうことを楽しんでいる様子がみられる。

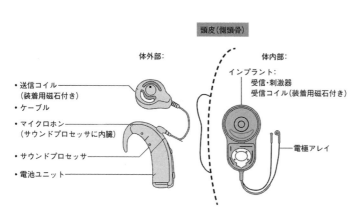

図2-2　人工内耳の基本構成（中村ら，2015、p.205 より引用）

※10　中村公枝・城間将江・鈴木恵子 編集（2015）『標準言語聴覚障害学 聴覚障害学第2版』医学書院

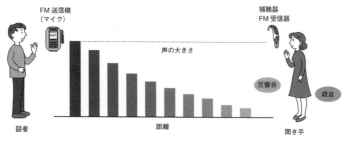

図2-3　FM補聴援助システム（中村ら，2015、p.232 より引用）

※11　前掲書『標準言語聴覚障害学聴覚障害学第2版』

（1）乳幼児期の聴覚障がい（基礎知識）

　聴覚器官のどこに障がいがあるかによって聴覚障がいの種類が分かれる（図2-4）[12]。補聴器や人工内耳を装用している子どもの多くは「感音性難聴」である。鼓膜や中耳ではなく、その奥にある内耳や、大脳への経路に障がいがある。音

※12　脇中起余子（2009）『聴覚障害教育これまでとこれから—コミュニケーション論争・9歳の壁・障害認識を中心に』北大路書房

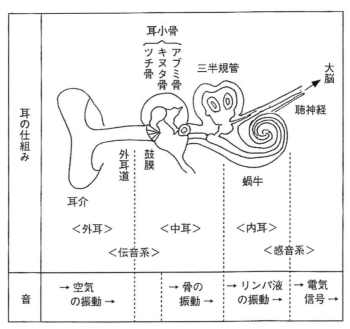

図 2-4　聞こえの仕組み（脇中起余子，2009、p.2 より引用）

や言葉が小さくなると同時に歪んで聞こえるので、補聴器を
装用してもすべての「言葉」が聞こえるわけではない。

　一方、外耳・中耳に障がいがあると、音が小さく聞こえる
「伝音性難聴」になる。乳幼児の過半数がかかる中耳炎の大
半は治療によって治るが、反復を繰り返し、慢性・滲出性
中耳炎になると、伝音性難聴の状態が続くことになる。言語
発達に重要な時期であることを考えると、日常場面での聞こ
えに注意が必要になる。また、口唇口蓋裂・ダウン症などの
子どもたちは、伝音性難聴の割合が高い。一般的に伝音性難
聴では補聴効果が高い。

　先天的に聴覚障がいのある子どもは 1000 人に 1〜2 人の割
合で生まれる。現在日本では、出産時の入院中におこなわれ
る新生児聴覚スクリーニング検査の普及率が約 8 割に達し、
聴覚障がいの超早期発見が増加している。確定診断後、早け
れば生後数ヵ月から療育施設や聴覚特別支援学校（聾学校）

の0~2歳対象の教育相談などでの支援が始まる。一方、軽中等度難聴の場合は、大きな音には反応するため発見が遅れる場合もあり、保育園や幼稚園など、家庭外の保育者に指摘されてわかることもある。

（2）聴力検査・補聴器・人工内耳

　乳幼児は自らの聴力を言葉で説明したり、音に反応してボタンを押したりはできない。その正確な聴力を測定し、補聴器などの調整をおこなうことは、高い専門性と豊富な経験を要する。補聴器は、外界からの音や声を増幅し調整して耳に届ける装置である。障害者総合支援法の下、原則1割負担で購入できるものから高額なものまで幅広い。

　乳幼児は耳が小さいことなどから耳掛け型補聴器の本体を肩や胸に固定して使うことがある。これらの補聴器は、空気電池を使用している。非常に小さなものなので、乳幼児の誤飲には注意が必要であり、万一誤飲した場合は直ちに医療機関を受診しなければならない。

　現在、冒頭のユカちゃんのように早い時期から人工内耳を装用する子どもが増えている。補聴効果が高いことが多いが、聴覚障がい自体がなくなるものではなく、言語発達の時期の定期的なマッピング（調整）は欠かせない。また、乳幼児期から成人に至るまでの言語発達の見通しをもち、言語聴覚士など専門家による発達段階に即した継続的な支援が必要であることを忘れてはならない。

　補聴器・人工内耳は、音響環境によって補聴効果が著しく変わる。最近の補聴器には雑音抑制機能が付加されているが、教室など大勢が一度に話しているような場所を最も苦手とする。反響の大きな部屋には、防音効果のある柔らかいカーペットやカーテンなどの使用が望ましい。机や椅子にはテニスボールを付けるなどの工夫ができる。

（3）発達支援の視点

①保護者支援

　中等度以上の感音性難聴のある子どもの９割は、聞こえる親から生まれる。まだ言葉を発しない乳児の多くは、外見上聴覚障がいがあることはわからない。しかし、聴覚だけを取り上げて何らかの訓練が必要なのではない。視覚・触覚すべての感覚を使ってコミュニケーションを楽しみ、安定した情緒豊かな保護者との関係を築くことが必要である。

　乳幼児にとっての生活基盤は家庭であり、保護者との基本的信頼関係のなかでの相互コミュニケーションなくして言葉は育たない。保育者は、カウンセリングマインドをもって保護者の心情に寄り添うとともに、幅広い支援の情報や子どもの成長の見通しを示し、また聴覚障がいのある子どもの保護者同士を繋ぐことが期待される。

②補聴器装用指導

　毎日の補聴器装用の指導と保守管理は保育者と保護者が連携しておこなう。乳幼児にとって初めての補聴器装用は、未知の異物をつけるようなもので嫌がるのは当然である。最初は、機嫌の良いときを選んで１日５分程度から始め、徐々に慣らし終日装用を目指す。保護者の声や好きなキャラクターの音など子どもが喜ぶ状況のなかで装用し、音が聞こえたらいっしょに喜び、子どもが声を出したら笑顔と声で返すなどの経験を重ねて、音がある世界が楽しいものであると感じるような環境調整を進める。保育者には、日々の子どもの聴性行動反応（音に対する行動や反応）の変化を見逃さない鋭い観察力が求められる。

　３歳児以上では、子ども自身が補聴器についての管理が少しずつできるように支援する。補聴器の着脱（スイッチの入切）、電池残量への気づき、お風呂、汗をかいた後、雨が降

るとき、プールに入るときなどの取り扱いについて、習慣として身につけ徐々に自分でできるようになることを目標とする。保育園・幼稚園でも基本的な保守管理知識をもち、取り扱いの約束事を決めることや、細やかな連絡が必要である。

③「聴くこと」と「見ること」の協働

聴覚障がい児は、補聴器などから受け取る音声情報と視覚を併用する。言葉を発する相手の口元のあたりを見ながら聴いている子どもが多い。したがって言葉かけをするときは、顔を正対し、子どもの視線を確認することが重要である。

また、日本語を単音で発話すると「ア・イ・ウ・エ・オ」の5つの母音の口形に分かれる。諸外国語と比較してシンプルで口形を読み取りやすい。聴覚障がいのある子どもと話すときには、少し大きめに口を開き、口形を意識し口角を上げて明るく滑舌良く話すことを意識するのがよい。マスクをしたまま話すことは避けるべきである。また、保育者は自分の声の質や音量の特徴を知り、コントロールできるようにしておく必要がある。

保護者や保育者からの一方的な指示や指導ではなく、子どもの視線・動きや発声を意識して待ち、子どもからの働きかけを受けとめ、それを共感し拡大模倣で返すことを繰り返し、やりとりを豊かにつちかっていくことを心がけたい。

④視覚情報の有効活用（手話や文字への橋渡し）

聴覚障がい児のコミュニケーションモードは、日本手話（音声なし）、日本語対応手話（発声しながら用いる）、聴覚口話（補聴器などからの音声情報と読唇を合わせる）など幅広い。しかし、いずれの場合も共通して母語（日本語）の獲得が目標である。また、現在では聴覚活用と同時に自然な身振りや手話を積極的に活用することも多い。聴覚障がいのある子どもの言語発達を表面的なコミュニケーションモードの選択と

してとらえるのではなく、保護者との関係、子どもの学習や発達の段階、個性と環境など幅広い視点でとらえる。

　視覚情報と音声での言葉がつながり、イメージがもてるようになると、次の段階として、絵のとなりに文字の提示を始める。聴覚障がいのある幼児については、少し早い段階から楽しんで文字に親しみ、日本語の音韻体系に触れることを意識したい。

⑤発話（口腔器官の意識から）

　口腔器官は、「呼吸する」「食べる」「言葉を発する」などの役割があるが、聴覚障がいのある子どもに発音（発声）・発語指導をする前段階としての機能を高める支援が必要である。よく噛んで舌を上手に使って食べることは、顎や舌の動きの調整に必要である。「ふーっ」と息を吹いてスープを冷ます、「はあっ」とかじかんだ手に温かな息を吹きかけたりするなどは、息のコントールにつながる。そのほかにも、麺類をちゅるちゅる吸い込む、歯磨きのときの「ぶくぶくうがい」と帰宅時の「がらがらうがい」なども、構音に必要な動きである。系統的な学習ではないが、生活と遊びのなかで意識をして繰り返すことで、その後の発音発語の支援がスムーズになる。

⑥豊かな言葉へ（言葉と意味と経験と）

　情緒的な安定、保護者との基本的信頼関係を背景にして、保育場面では言葉と意味と経験を紡ぎあわせながら、幼児期の豊かな言葉をはぐくんでいく。音韻やリズムを利用した身体の動きや手遊び歌などは聴覚障がいのある幼児も好むものが多く、また絵本の読み聞かせも、絵本と話し手の表情や口元が両方見えるところで、感情豊かにおこないたい。

　生活語彙の拡充のために、家庭では保護者が絵日記を描き、いっしょに記憶を想起して会話を広げることは楽しい方法である。また、連絡帳を活用し、家庭と保育現場とで経験

を共有し、積み重ねていくことができる。

　季節の変化による話題で会話を広げることや、大小さまざまな行事（遠足、お祭り）を通じて語彙を増やす機会をとらえると、人とかかわり話をすることが好きな子どもになっていくだろう。

⑦集団保育の中で

　折り紙や絵を描くなどの製作活動、歌や身体の動きとリズムを合わせるリトミック、季節の行事など、集団保育ではそのダイナミックスを活かし、幅広い活動がおこなわれる。子ども同士の相互コミュニケーションが始まり、社会性をつちかう経験が広がる。

　集団保育時では活動のねらいに即した保育者のかかわりが求められる。運動やリトミックなどは、聴覚障がいにあまり影響されずに楽しめる。一方、子ども同士の言葉のやりとりは、しっかりと伝わっていることを注意深く確認する必要がある。保育者は、曖昧な子どもの発言をとりあげ、聴覚障がいのある子どもに顔を向けて、不自然にならない程度にもう一度復唱するなど、言葉が伝わりあうことを確認する。室内の掲示物は、視覚優位の子どもと共通する配慮が望ましい。

　子ども同士の傾聴態度をつちかうには、随時「お顔をみて話そうね」と対面で伝えることをうながすことや、手で指す、立つなどの話し手が特定できる視覚的な工夫をすることができる。

　また、はっきりとした自己認識の段階ではないが、自分だけ補聴器をつけていることについても、素朴な気づきが出る子どももいる。その子どもにとって大切なものだという共感や、周囲の子どもたちにはっきりと説明する場面も必要になってくる。

　緊急時のサポート体制についても、あらかじめ決めておくことが求められる。

参考文献
加我君孝(2014)『新生児・幼少児の難聴〜遺伝子診断から人工内耳手術、療育・教育まで〜』診断と治療社

3 —— 肢体不自由

　リンくんは３歳で、脳性まひという障がいがある。お母さんが妊娠中に感染症になり、生まれたときから障害があることがわかっていた。専門の病院で継続して、リハビリを受けている。園への登園は、歩けないので、病院で特注したバギーに乗って、お母さんに送られてくる。

　保育室の中では、寝返りで自分の好きな絵本のあるところまで移動していく。話すことはできないが、視線と声で絵本をとってほしいと伝えることができる。保育者や友だちも、自分でできるところは自分でできるように、寝返り移動しているのを笑顔で見守っている。

　園庭での外遊びは、バギーを使わず、保育者が抱っこで外へ出る。園庭に植えた野菜の水やりを友だちといっしょにする。いろいろな姿勢を経験することが大切なので、自分一人で立つことはできないが、保育者が腰を持って足を地面につけて立てるように介助する。トマトの葉を触ったり、保育者といっしょにじょうろを持って水をやる（図2-5）。トマトの実がなってきているのを見て興味津々。友だちが実に手を伸ばすのを見て、「自分も」と、まひのため伸ばしにくい腕を精一杯伸ばしている。

　給食は、やはり、病院で特注した椅子に座って食べる。普通の椅子と違い、胸や腰にベルトがついていて、しっかり身体が椅子にフィットし安定するので、自分でスプーンを持って食べやすくなる。飲み込むのが上手ではないので、食べものを喉に詰まらせないように、友だちの食事より細かく刻んだものを食べている。保育者が手伝って食べているが、一人でも上手にスプーンを口に運べたときは、得意そうな表情だ。

　食後は、いつもは午睡の時間だが、週に１回、病院でリハビリを受けるため、食べ終えた頃にお母さんが迎えに来ることになっている。

図2-5　トマトに水をやるリンくん

肢体不自由児の生活は、その子どもに合わせたバギーや椅子などを使い、大人の介助と細かい配慮をいろいろな場面で必要とする。そのうえで、子どもの「自分で〜したい」という気持ちを育て、子どもらしい経験がたっぷりできるように支援することが保育者の役割となる。

（1）肢体不自由とは

肢体不自由とは、四肢（手足）や体幹（胴体）の働きに困難さがあるため、歩く、走るなどの運動やご飯を食べる、服を着るなどの日常の生活動作、また、座っておく、立っておくなどの姿勢の維持が不自由であることをいう。

似ている言葉として身体障がいがあるが、身体障がいは、肢体不自由のほかにも、聴覚障がいや視覚障がいなど、身体のあらゆる部分の障がいも含めて用いられることが多い。

肢体不自由の原因には、どういうことがあるのだろうか。人間が体を動かすことができるのは、まず、脳が命令を出し、その命令が脊髄を通り、脊髄から体の隅々まで伸びた運動神経に伝わって、筋肉が曲げられたり伸ばされたりするからである（図2-6）。

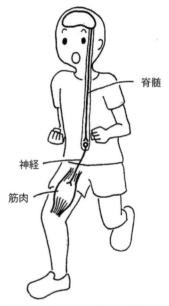

脊髄

神経

筋肉

図2-6　脳・脊髄・神経・筋肉の関係

したがって、肢体不自由の原因は主に、脳にある場合、脊髄にある場合[*13]、筋肉にある場合[*14]に分けられる。

脳に原因がある場合の代表的なものは、脳性まひで、肢体不自由の障がいのある子どものなかで、保育者が出会うことが最も多い障がいである。1000人に2人の割合で発症していると言われている。この障がいについては次の（2）脳性まひで詳しく述べる。

そのほか、脳や脊髄などの中枢神経や筋肉には問題ない

※13　脊髄に原因があるもののひとつとして、二分脊椎がある。脊椎の中には神経の束である脊髄が入っている。胎児の脊椎がつくられていくときに不具合が起こり、脊髄の働きが一部損なわれ、下半身にまひなどの症状がでる。

※14　筋肉に原因があるもののひとつに、筋ジストロフィーがある。筋肉がおとろえていくことで運動に障がいの出る遺伝性の病気である。

が、四肢の短縮・欠損によって、通常と同じ動作ができない場合もある。生まれつき四肢が短かったり、なかったりして生まれてくる場合や事故などによって手足を切断した場合である。

　以上のように、ひとくちに肢体不自由と言っても、原因はさまざまであり、そこからくる日常動作や運動の不自由さの程度もさまざまである。

（2）脳性まひ

①脳性まひの定義、原因

　脳性まひの定義は、「受胎から新生児期（生後4週間未満）のあいだに生じた脳の非進行性病変に基づく、永続的なしかし変化しうる運動及び姿勢の異常である。進行性疾患や一過性の運動障害、または将来正常化するであろうと思われる運動発達遅延は除外する」（1968年厚生省研究班）とされている。つまり、赤ちゃんが母親の胎内にいるときから、あるいは、生まれてからしばらくするまでに生じた脳の損傷により、運動がうまくできなくなる障がいである。

　原因となる疾患は、胎生期の脳の形成異常、出産時の仮死や早産による低出生体重、また、新生児期の髄膜炎の後遺症などがある。

②脳性まひの種類と合併する障がい

　脳の損傷が、どの場所で、どの程度なのかによって、脳性まひでも一人ひとり状態がかわってくる。

　まひの種類は、大きく3つあり、痙直型、アテトーゼ型、低緊張失調型と言われる。[15]

　脳性まひと合併する障がいとしては、知的障がいやてんかんといったその他の脳の障がいがある。また、歩く、座るなどの粗大運動機能だけでなく、「見る」「食べる」「話す」「呼 [16]

※15　まず痙直型は、筋肉が過度に緊張し、腕や足は、固く伸びたままや曲げたままの状態で、動きが少ない。両手両足すべてにまひがあるタイプを四肢まひ、足に重いまひがあり、腕や手のまひは軽いタイプを両まひ、右半身または左半身だけのまひを片まひと呼ぶ。アテトーゼ型というのは、体を動かそうとすると、自分では意図していない動き（不随意運動）が出てしまうタイプである。最後に、低緊張失調型と呼ばれるタイプである。低緊張とは、筋肉がフニャッとしてやわらかく、失調とはバランスが悪くふらつく状態である。

※16　てんかん発作への対応（第2章5（3-①））参照

吸する」などでも目や口や胸の筋肉を使う。脳性まひ児は、筋肉をうまく動かすことができないことから、これらの機能に障がいがある場合もある。

つまり、脳性まひ児といっても、知的な遅れがなく、歩き方にぎこちなさがある程度の軽度な場合から、いわゆる寝たきりという状態で、重度の知的障がいがあり、食べたり、呼吸したりという生命維持機能にも困難さをかかえる重症心身障害児[17]まで、実際の姿はさまざまなのである。

※17　医療的ケア（第2章5（4））参照

③脳性まひと医療、リハビリテーション

医療機関で脳性まひと診断されれば、すぐに理学療法などのリハビリテーションを受けることがすすめられる。本人に合わせた靴（装具）、椅子や車椅子、歩行器、杖なども、障がいの状態に合わせて、医師やリハビリテーションの専門スタッフと相談しながら使用していくことになる。

リハビリテーションは、脳性まひ児の運動の発達を支援するだけではない。脳性まひ児は、自分の動かしやすい部分ばかりをよく使うことになりがちなので、それによって、体が変形したり、筋肉が固くなる（拘縮する）という二次障がいも起こりやすい。二次障がいの予防という観点からも医療やリハビリテーションを受けることは生涯にわたって必要である。

（3） 肢体不自由児の保育で大切にしたい点

①医療との連携と楽しい園生活

肢体不自由児の保育では、医師やリハビリスタッフの助言は欠かすことができないものである。保護者と相談して通院に同伴させてもらい、助言を受けることが望ましい場合もある。療育の専門スタッフと連携する必要があるので、巡回相談や保育所等訪問支援事業の制度も積極的に利用したい。[18]

※18　巡回相談（第3章4（4））、保育所等訪問支援事業（第3章3（3））参照

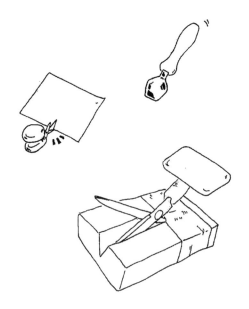

図 2-7　使いやすい生活用具（スプーン、ハサミ）

　抱っこの仕方、スプーンの握らせ方など介助の仕方を学ぶ
だけでなく、食器やハサミなど肢体不自由児が使いやすい生
活用具もあるので紹介してもらうとよい（図2-7）。園生活の
中でも、机の高さを変えることで座位の姿勢がとりやすくなっ
たり、手すりをつけることで自分でつかまり立ちができるな
ど、環境について工夫できることがある。相談してみよう。
　このように肢体不自由児の保育においては専門的知識が必
要なのは間違いないが、それにとらわれて、子どもの生活が
狭められることがないように注意したい。肢体不自由児は、
どうしても通常と比べて生活経験が乏しくなりがちである。
自分で車いすで移動できる場合も、雨の中を外出したことが
ない、どろんこ遊びをしたことがない、というふうにである。
　たとえば、畑で野菜の栽培をしている園があるとする。畑
の土が柔らかく車いすで入れない場合も、畑の端にマットを
敷くと、そこに座ったり寝転がったりして、畑の野菜や土を
直接自分で触ることができる。マットがない場合は、保育者
が抱っこで畑に入っていくことはできる。

肢体不自由児も、子どもらしい楽しい経験が十分できるように、保育者が、専門家の助言を参考にしながら、臨機応変な対応や工夫をしていくことが求められる。

②自分の思いを人に伝える力をつける

　自分の思うように動くことのできない肢体不自由児にとって、通常の子どもの場合と同じように、「〜したい」「自分で〜する！」という思いを膨らまし、人に伝えていく力をつけることは容易なことではない。子ども自身が受け身である生活に慣れていて、子どもからの要求がなかったり、聞いてもすぐに反応がないので、周りの人から「理解していない」「関心を示さない」と思われてしまうこともある。

　障がいが重く、言葉や身振りで表現できない子どもも、本当は表情や視線などで自分の思いを伝える力をもっている。周囲の大人は、「○○と△△と、どっちにする？」など、丁寧に気持ちを聞き取り、その子どもからの反応を読み取っていく。その積み重ねのなかで、肢体不自由児も「自分は〜したい」という思いを膨らませ、人に伝える力を育てていくのである。[19]

③「自分でできた」という達成感がもてるように

　肢体不自由児は、体を動かすことに不自由さがあるが、その子どもなりに動かせる部分が必ずあるはずである。その力を最大限に引き出して、本人が「自分でできた」という達成感を感じることができるようにしたい。

　保育園での実践で、歩行はできず、ずりばいで移動している脳性まひ児が、1人で鉄棒を握ってぶら下がることができたことが、とても自信になったというエピソードがある。最初保育者は、ほかの子と同じことができることがよいと思い、前回りできるように手伝っていたそうだ。しかし、前回りをすることは、自分1人では立つことも歩くこともできな

※19　堺市社会福祉事業団職員集団・高橋真保子・白石正久編著（2014）『「この子の願いをわかりたい」からはじまる療育』かもがわ出版「第2章　重度の肢体障害を持つ子どもの療育」が実践の参考になる。

※20　白石恵理子・松原巨子・大津の障害児保育研究会編著（2001）『障害児の発達と保育』クリエイツかもがわ「第3章6　つもりが実る手応えと遊びづくり」に詳しい実践がある。

い子どもにとって、その子自身の運動の力とはかなりの差のある活動である。「みんなと同じようにしたい」という子どもの願いに寄り添うことも必要であるが、友だちと同じようにではなくとも、みんなと同じ活動の中で、「自分でできた」という達成感を感じられることも大切である。[20]

　この実践では、クラスの子どもたちも、脳性まひ児が1人で鉄棒にぶら下がれたことをとても喜んだそうだ。でき方は違っても、「自分でできるようになりたい」という思いは、どの子どもにも共通するものである。そのときの嬉しい気持ちは、障がいのあるなしにかかわらず、子ども同士共感することができるのである。

（4）対等な友だち関係づくり

　「さっちゃんのまほうのて」という絵本がある。クラスに肢体不自由児がいる場合、肢体不自由の障がい理解を他の子どもたちにうながすため、幼稚園、保育園でよく読まれている絵本である。[21]

※21　たばたせいいち 作・絵、先天性四肢障害児父母の会・のべあきこ・しざわさよこ 共同制作（1985）『さっちゃんのまほうのて』偕成社

　さっちゃんは、生まれつき右手の指がない先天性の四肢の短縮・欠損という障がいのある5歳児である。右手の指がないことを友だちに指摘されてけんかをし、さっちゃんは園をしばらく休む。ちょうどそのころお母さんが弟を出産し、さっちゃんは両親から自分が生まれてきたときのことや両親の思いなどを聞く。また、友だちや幼稚園の先生が家に来てくれ、ふれあいをもつなかで、指のない手を自分の手として受け入れていく。最後は、元気を取り戻し、再び、友だちと楽しく幼稚園の生活をおくるという話である。

　5歳児になると、「～ちゃんは、○○はできないけど、□□は頑張っている」といったように、自分や友だちのことをいろいろな面からとらえられるようになる。

　絵本の中のさっちゃんは、右手が不自由であるけれど、左

手や右腕を使っていろいろなことに挑戦し、がんばっている。そのことをさっちゃん自身も友だちも本音を出しあったけんかを通じて改めて認識し、お互いをかけがえのない友だちとして認め合い、関係が深まっている。

　肢体不自由児と他の友だちとの関係は、障がい児のできないことがわかりやすいため、お世話してもらうという受け身の関係になりやすい。障がいのある子どももない子どもも、対等に思いを出しあい、自分のもっている力を発揮しあえる対等な友だち関係づくりができるようにしたい。そのために保育者は、日々の実践のなかで、クラスの子どもたち一人ひとりの良いところ、頑張っているところを認め、どの子どもも自分の本音が出せるように援助していくことが必要である。[22]

4 ─── 知的障がい

※22　前掲書『障害児の発達と保育』の「第5章 5 脳性まひの子どもの3年間と仲間づくり」に、参考となる実践がある。

参考文献
茂木俊彦監修（1999）『障害を知る本⑩ からだの不自由な子どもたち』大月書店
近藤直子・白石正久・中村尚子編著（2013）『保育者のためのテキスト障害児保育』全障研出版部

■事例⑭

　3歳児クラスに在籍するトシキくん（4歳）には「知的障がい」がある。生まれた直後にダウン症の診断を受けている。寝返りやハイハイをし始めた時期はほかの子どもたちよりも遅く、歩き始め（始歩）は2歳の誕生日を迎えたころだった。発達段階は、「1歳半の節」を乗り越えようとしている時期ではないかと保育者たちは考えている。今のトシキくんの保育園での様子を見てみよう。食事はスプーンを使って食べようとするものの、上手くすくえないため手づかみで食べることが多い。発話は「マンマ」「ナイナイ」「バイバイ」「イヤ」といった単語（一語文）が中心で、指さしをしながら「チョーダイ」と言って欲しいものを求める姿もみられる。最近は、「ジブンデ！」やってみようという気持ちが大きくなってきているからか、トシキくんのことを手伝おうとする子どもの手を振り払って嫌がる姿がよく見られる。他方、みんなの様子を見てから動き出すことが多いため、みんなからはワンテンポ遅れてしまうことが多い。

（1）知的障がいとは何か

　「身体障害者福祉法」に定義されている身体障がいなどと異なり、知的障がいの法律上の定義はない。ただし、厚生労働省の「平成17（2005）年度知的障害児（者）基礎調査」[23]（2007）では「知的機能の障害が発達期（おおむね18歳まで）にあらわれ、日常生活に支障が生じているため、何らかの特別の援助を必要とする状態にあるもの」とされ、文部科学省では「記憶、推理、判断などの知的機能の発達に有意な遅れがみられ、社会生活などへの適応が難しい状態」[24]とされている。つまり「知的障がい」は、「①発達期（18歳まで）」にあらわれ「②知的機能の発達の遅れ」が明らかで「③日常生活（適応行動）に制約がある」場合をさす。知的障がいの原因としては、遺伝子異常、染色体異常、胎内感染症、化学物質といったものがある（表2-1）。

　以下、知的障がいの3つの特徴を順にみていこう。

①発達期にあらわれる

　知的障がいは発達期のどの時期にわかることが多いのだろうか。先述の「知的障害児（者）基礎調査」（2007）を見ると、大多数の知的障がいは小学校入学前までに障がいがある

表2-1　知的障がいの原因（原因別分類）

原因	発生する障がい（知的障がいを伴う）
遺伝子異常	フェニルケトン尿症、デュシェンヌ型筋ジストロフィー　など
染色体異常	21トリソミー（ダウン症）、18トリソミー、13トリソミー　など
胎内感染症	先天性風疹症候群、先天性トキソプラズマ症、先天性サイトメガロウイルス感染症　など
化学物質	胎児性アルコール症候群　など

ことがわかるようになる（図2-8）。社会的支援を受けるためには療育手帳の取得が必要となるが、療育手帳の取得者数は、図2-9のように年々増加傾向が続いている。

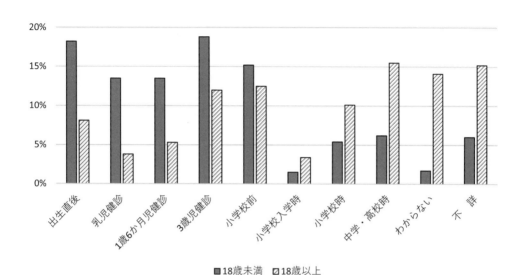

図2-8　知的障がいとわかった時期（「知的障害児（者）基礎調査」（2007）を元に作成）
　　　出所：※23に同じ

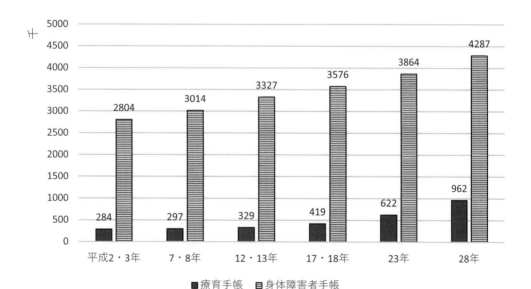

図2-9　手帳取得者数の推移（「平成28（2016）年生活のしづらさなどに関する調査結果」（2018）を元に作成）
出所：厚生労働省ホームページ、https://www.mhlw.go.jp/toukei/list/dl/seikatsu_chousa_b_h28.pdf

文部科学省（2017）の「（平成28年度）特別支援教育資料」によると、特別支援学校（小学部から中学部）に在籍する知的障がい児は約3.7万人、小学校から中学校まで特別支援学級に在籍する知的障がい児は約10.6万人で、合計約14.3万人の知的障がい児が特別支援教育を受けている。これ以外に通常学級で学んでいる知的障がい児もいる。したがって、小学校から中学校までの全児童生徒数（約998万人）中の1.5〜2％が知的障がい児と推測される。

②知的機能の発達の遅れ

　人間には記憶・言語・思考・推理といった知的機能があり、その測定を目的に知能検査や発達検査が実施される。知的障がいの特徴として、記憶することの苦手さ、話し言葉の獲得の遅れ、物事の理解や推理の困難さなどがある。こうした特徴があるため、標準化された知能検査や発達検査の結果から算出される「知能指数（Intelligence Quotient：IQ）」がおおよそ70以下であることを知的障がいの目安とされる。知能指数は、「精神年齢」を「生活年齢（実年齢）」で割った数に「100」を掛けて算出される。その値（IQ）が20以下の場合を「最重度」、20〜34の場合を「重度」、35〜49の場合を「中度」、50〜69の場合を「軽度」とされている。知能指数は「精神年齢」を「生活年齢（実年齢）」で割ることからわかるように、同じ年齢集団の平均からどれくらい離れているかを教えてくれる。しかし、個人内の知的発達の変化を表す場合には不適切で、精神年齢で表すことが多い。

③日常生活（適応行動）の制約

　適応行動を調べるときに用いられる「Vineland-Ⅱ（ヴァインランド・ツー）適応行動尺度」では、日常生活（適応行動）は4つの行動領域に整理されている。コミュニケーション（言葉の理解、言葉の産出、読み書き）、日常生活スキル（身

辺の自立、家事、地域での生活）、社会性（他者との関係、遊び
と余暇、対処能力）、運動スキル（動きの大きな運動、細かな運
動）である。乳幼児期では、他者（大人や子ども）との感情
や意思のやりとりがうまく成立しなかったり（コミュニケー
ション）、着替えや排泄などの基本的生活習慣に関する困難
（日常生活スキル）があったりするほか、遊びのレパートリー
や集団や仲間のなかでの過ごし方が限定的（社会性）であっ
たり、始歩の遅れなど運動発達の遅れ（運動スキル）もみら
れたりする。

（2）知的障がい児の特徴を踏まえた保育

　ここでは知的障がい児の特徴を踏まえた保育について、ト
シキくんの事例を念頭におきながら述べていく。

①知的障がい児が安全で安心できる環境調整をおこなう

　集団生活のなかでは、知的障がい児は１日のスケジュール
がわからず、自主的に動きにくかったり、全体の指示が理解
できずに周りから取りのこされてしまうことがある。自分の
することがわからないと不安になったり、パニックになった
りすることもある。しかし、絵カードを使って１日のスケ
ジュールをわかりやすく提示したり、多くの指示が一度に理
解できない場合には、一つひとつの指示を区切ってわかりや
すく伝えたりするなどの工夫をすることで、トシキくんも見
通しをもって活動に参加できるようになる。これらの工夫に
ついては、子どもの発達段階や障がいの程度を考慮していく
必要がある。まずはこのように、子どもにとって安全で安心
できる環境調整（環境づくり）をおこなうことが知的障がい
児の保育にとっての土台となる。

②子どもの「ジブンデ！」を大切にする

　基礎的な生活習慣は、子どもの「ジブンデ！」という意欲を尊重するなかで身についてくる。トシキくんの発達段階を考えると、この「ジブンデ！」という意欲がはぐくまれてくる時期である。大人や友だちの働きかけに抵抗しながらも自分で頑張ろうとする姿がみられるので、その姿を大切にしていきたい。

　たとえば、トシキくんが頑張って衣服のボタンをとめようとしている場合に、みなさんはどのようにかかわるだろうか。トシキくんは指先が不器用なために衣服のボタンをうまくとめることができない。この場合、トシキくんの意欲を無視して全部のボタンを保育者がとめてしまうとどうなるだろうか。自分が頑張ろうとしている気持ちが受け止められずに、挑戦する機会を奪われてしまうと、意欲の低下につながってしまうかもしれない。

　トシキくんの場合、1人だけではボタンをとめることができないが、保育者に手伝ってもらって、自分でボタンをとめることができる経験を重ねるとトシキくんの達成感や満足感につながっていく。このような頑張りを「頑張って、ボタンをとめられたね」など肯定的に認める声かけをすることで、子どもの「ヤッテミタイ」「デキルヨウニナリタイ」という自主的に頑張ろうとする気持ちや意欲がはぐくまれていくことであろう。

③子どもの興味・関心に寄り添った保育と発達支援

　乳幼児期の子どもにとって遊びは生活の一部である。その遊びを通じて子どもは発達の力をはぐくんでいく。そのため、遊びは、子どもが興味を持ち、楽しめる内容であることが重要である。知的障がい児は、同年齢の子どもたちがごっこ遊びのイメージを共有して遊んでいるときに、いっしょに遊びに参加することがむずかしかったり、遊びのすじや内容

を理解することができなかったりすることがある。集団遊び
に参加するように無理矢理うながすとそれを嫌がる子どもも
いる。また、トシキくんのようにダウン症の子どもは運動発
達の遅れがあるため、散歩のときに他児と同じペースで歩け
ない場合がある。こうしたケースには保育者としてどのよう
にかかわればよいのだろうか。

　遊びでは集団遊びを嫌がり、1人遊びになることがよくみ
られる。トシキくんは、園庭では水遊びが好きで、1人で子
ども用の小さいバケツに水を溜めてから、ひっくり返して水
が流れるのを繰り返して楽しんだり、砂場では砂をスコップ
ですくって落とすのを繰り返して楽しんでいる。また、保育
室では、1人で電車や車のオモチャを集めてきて並べること
を繰り返して楽しんでいる。トシキくんが楽しんでいる遊び
（機能的遊び）を後ろから見守るだけでは、遊びのなかで社
会性やイメージは広がりにくい。それでは、どのようにした
らよいだろうか。

　保育者は見守るだけでなく、いっしょにやってみる、こと
ばかけや受け渡しをしつつ子どもの遊びのイメージを広げる
ことが大切である。たとえば、保育者が、子どもから見え
る位置（トシキくんの対面など）で同じようにやってみたり、
子どもの遊びに加わって、保育者の方から遊びに変化を加え
たりしてみる。保育者のすることを見て真似したり、いっ
しょに遊んだりするなかで子どもが興味を深め、楽しいと感
じるようになれば、次からは子どもから積極的に覚えた新し
い遊び方で遊ぶようにもなるだろう。また、1人で遊ぶより、
保育者といっしょに遊んだ方が楽しいと思えれば、子どもは
これまで以上に保育者や他児に興味・関心をもってかかわる
ようになっていくであろう。保育者との関係からさらにクラ
スの友だちに関心が広がっていく。このように、遊びのなか
で面白さや楽しさを他者と共有できるように遊びを通してか
かわることが大切である。

散歩では、散歩の道中で子どもはいろいろなものに興味や関心を示す。昆虫を見つけたり、花を見つけたりと新しい発見に眼を輝かせながら保育者に指さしや発声などをして伝えようとする姿がみられる。子どもの興味や関心があるものに積極的に保育者も共感し、その発見をほかの子どもたちとも共有できるように声かけしていくとよいだろう。

④子どもの思いを受けとめる

■事例⑮

トシキくんは集団の中で困った行動をみせることがある。3歳児クラスに在籍してから、友だちの遊びに興味を持つようになり、友だちが持っているオモチャを勝手に取ってしまい、友だちとのいざこざがよく起きるようになった。

この場合、勝手にオモチャを取ってしまうトシキくんに、どのように声かけをするとよいだろうか。勝手にオモチャを取るという行動の裏側には、トシキくんの言葉にできない思いがある。幼児期の知的障がい児は言葉で自分の思いをうまく相手に伝えるのが苦手なため、言葉で伝えるより先に自分の思いだけで行動してしまうことがある。トシキくんも友だちを困らせたり、いじわるしたくて、オモチャを取ったわけではない。トシキくんの行動の背後には「いっしょに同じオモチャで遊びたい」という思いがある。保育者は子どもの言葉にならない思いを受けとめる必要がある。「友だちといっしょに遊びたかったんだね」など、その思いをくみ取って言語化したり、トシキくんの思いを友だちに伝えたりして仲間関係を調整することが大切である。保育者が言語化し、子どもの思いや気持ちを言葉と結びつけていくようにすることで、子どもは自分の思いや気持ちを言葉でどのように表現すればよいのかを学んでいくだろう。

このように、知的障がい児はその子のニーズや発達段階に

合わせた適切な支援を受けることで、積極的に集団活動へ参加し、他児との交流が持てるようになっていく。そのなかで楽しくて豊かな保育園生活が送れるようになっていく。

　ここで紹介したトシキくんの事例がすべての子どもに当てはまるものではない。一人ひとり違う個性や特性をもった子どもであり、実際に保育でかかわるときは、それぞれの子どもにあった保育が求められる。知的障がい児は、「知的機能の障がい」や「日常生活能力」において援助が必要なために、自分ひとりだけではできないことに直面したり、失敗経験も多くなりがちである。こうした経験が多いと意欲が低下したり、自己評価が低くなったりすることがある。そのことで、大人の指示待ちになったり、積極的に活動に参加できなかったりということがある。受身的な参加ではなく、自立的で主体的な生き生きとした保育園生活になるように発達支援をめざすことが期待されている。

5 ━━━ 医療的ケアの必要な子ども

■事例⑯

　5歳児クラスのメグちゃんは保育園では自由に動くことができ、体調を調整しながら意欲的に遊んでいる。肺疾患があるために酸素吸入をしているが、友だちから誘われて、2階の保育室から階段を下りて園庭に出て行き、鬼ごっこするときも、カートのかばんを引っ張りながら友だちを追いかけている。カートのかばんには携帯用酸素ボンベが入っている。そこから出ているチューブが鼻から酸素を吸入し、呼吸を整えながら遊びを楽しんでいた。遊びの途中で、呼吸が荒くなってくるとチューブを鼻に差し込んで酸素吸入をおこない（在宅酸素療法）、呼吸を整えながら遊びを楽しむ姿が見られる。

　近年、医療技術や看護の技術の進歩により、新生児・小児集中治療室（NICU・PICU）で救命され、人工呼吸管理や気

管切開、経管栄養、胃に食事を注入する手術（胃ろう）など
を受けることによって病院生活が長期化せず、在宅で医療的
ケアをおこない、日常生活が送れるようになってきた。その
ために、保育現場でも医療的ケアを受けながら、医療と協働
して健康管理をおこないつつ集団生活をしている子どもが増
加している。[※25]

（1）医療的ケアとは

「医療的ケア」は「医療行為」と異なる。医療行為は医師
がおこなう処置や治療のような医学的判断と技術を要する行
為を指し、その一部を看護師が医師の指示によりおこなうこ
ともある。他方、医療的ケアとは、たんの吸引や経管栄養な
ど在宅医療や教育現場で看護師（施設など）や一定の研修を
受けた医療職ではないものや保護者がおこなう行為である。
保育の場でこのような子どもを受け入れる際には、何が医療
的ケアにあたり、どのようなことができるのかを知っておく
必要がある。上記以外にも医療的管理の下に社会生活を送っ
ている子どもがおり、それらに対応する知識は不可欠であ
る。

　すべての子どもに教育を保障することが大きな社会的な要
求になってきた過程で、重度ないし重複障害の児童（全身の
生理的機能のコントロールの困難な子どもたち）においても学
校教育が保障されるようになった。しかし、1970年代は養
護学校（現、特別支援学校）において、親の付き添いが原則
であり、医療職の配置不足や保護者が常に待機することへの
負担が新たな課題となってきた。そのような状況に対して文
部省（現、文部科学省）では1998年以降看護師が学校に常駐
することや看護師の具体的な指示の下に教員が一部行為をお
こなうことなどを認めるようになり、さらに厚生労働省が
2004年に「盲・聾・養護学校におけるたんの吸引等の取り

扱いについて（協力依頼）」を出し、看護師が常駐すること、必要な研修を受けることなどを条件として、特別支援学校の教員によるたんの吸引、経管栄養および導尿をやむを得ない行為とした。その後、2012年の介護保険法等一部改正法律案の制度の改正により、従来の看護師、保護者に加えて一定の医療研修を受けた介護福祉士、保育士、教師なども、施設や保育園、学校などで特定行為[※26]を実施することが可能となった。

※26 特定行為：一定の医療研修を経て「認定特定行為業務従事者」として認定されると口腔内の喀痰の吸引・鼻腔内の短角吸引・気管カニューレ内部の喀痰吸引・胃ろう、腸ろうによる経管栄養・経鼻経管栄養について実施することが可能となった。

(2) 医療的ケア（呼吸ケア・栄養ケア・排泄ケア）の必要な子どもの保育

　保育者がおこなえる医療的ケアは呼吸、栄養及び排泄に関する以下のものであり、基本的な内容を述べておく。

①呼吸ケア（口腔内、鼻腔内の喀痰吸引・気管カニューレ内部の喀痰吸引）

　これらはいずれも呼吸器官のケアである。呼吸管理をするには、気管を切開して人工呼吸器を装着する在宅人工呼吸療法や酸素吸入をおこなう在宅酸素療法がある。これらを教育施設でおこなうことは少ないが、チューブが外れないように気を配り、自ら動けるように環境の整備と配慮が常に必要である。また、彼らの喉の奥にある痰の吸引はできないが、気管カニューレ内部や口や鼻の痰を吸引する行為は認められるようになった。

　人工呼吸器を装着する場合は、気管切開をするために、気管カニューレという装置が空気の取り込み口になる。気管切開をした子どもは、空気が声帯を通らずに直接肺に入るために声が出なくなる（図2-10）。言葉を発して要求できない子どもたちは、他の方法で要求を伝えたり表現するなどさまざまなやり方を駆使する。子どもの発達段階や状況に応じて保

図2-10　気管切開をした子どもの様子

育者は子どもの思いを受けとめ、コミュニケーションを図っていくことが必要である。それは、子どもの表情、視線の先や手の動きなどであることもあり、また息づかいなどわずかな表現の仕方から読みとらなければならない。さらに、日常の体調の変化、行動、表情を記録しておき、担当職員だけではなく職場全体で連携し、同様の援助ができるように体制を整えておく必要がある。

②栄養ケア（経鼻経管栄養・胃ろう、腸ろうによる経管栄養）

これらは栄養を口から取り入れることができない子どもたちへの医療的ケアである。経鼻経管栄養とは、摂食嚥下障がい（すなわち、口から物を食べて飲み込むことができないなど）があるために、口から食事をとることができない子どもに、チューブを鼻腔から胃に挿入する方法で、食事や水分の時だけ、チューブを口から胃まで入れる。胃ろうは、手術によってお腹から胃に直接チューブを挿入し、ミキサー食などの栄養剤を注入することである。胃ろうに対して腸ろうはお腹から小腸にチューブを挿入してあることであり、いずれも口から食べることも可能である。水分やミキサー食などの栄養注入は認められるようになった。

③排泄ケア（消化器ストーマ）

腸管の運動機能や直腸・肛門の病気のために尿や便が出せないなどの場合、消化器ストーマ（人工肛門）を手術でつくり、ストーマ装具という特別の器具を腹部につけて管理する。子どもの場合は一時的であることが多く、乳幼児期のうちにストーマを閉じて膀胱や肛門から排泄するようになる。尿や便を意識的に膀胱や腸内にとどめておくことができないために、排泄物を収集する袋に、尿や便やガスが溜まってきたら、それらをストーマ袋から取り出すことは認められている。

医療的ケアを受けることで、子どもが家庭だけではなく、保育園などの集団生活ができるようになることは、幼児期の人格形成からいっても重要である。その対応については一定の研修など特別の知識や技術も求められる。医療的ケア対象児に応じた看護職員などが配置されているなら補助ができる行為も拡がる。また、ケアの内容、実施者については担当保育者と看護師の連携、さらに職員同士の研修の機会の確保、医療的ケアの実施についての危機管理などの事例の研修などを職員間でおこない、子どもの様子とともに周知されるなど園全体で子どもを見守る体制をとることなどが必要である。

（3）医療との連携が必要な子どもと保育

　医療との連携が必要な子どもの病気にはさまざまあるが、ここではてんかんと糖尿病をとりあげて、保育において注意すべきことを述べる。

①てんかん発作への対応
　てんかんとは、大脳の神経細胞の電気活動で過剰放電が起こることにより、発作を誘発する病気である。てんかん発作には脳に明らかな異常をもたない特発性てんかんと、異常をもつ症候性てんかんがある。また、左右の大脳半球に一気に起こる全般発作と、脳のある一部から起き、身体や精神機能の一部に現れる部分発作との分類もある。
　てんかん症候群の中で乳幼児期に発症する良性小児てんかん[※27]発作もあるが、難治性てんかんといわれるものがあり、ウエスト症候群（点頭てんかんとも言う）は乳児期に発病するもの、レノックス・ガストー症候群は幼児期に発病するがウエスト症候群から移行するものもある。実際にはさまざまなてんかん発作があり、経過も異なり、その後の治療の在り方なども異なる。

※27　国際抗てんかん連盟（ILAE）では約30のてんかん症候群を記載している

てんかん発作を有している場合、保護者より緊急かつ必要な対応について依頼するとともに、保育の中で与薬が必要な場合、使用のタイミングや誤薬などに細心の注意を払うことは当然である。

また、てんかん発作を起こしたときの緊急処置の対応としては、吐物を誤飲することのないように顔を横向きに寝かせ、目や顔の表情および顔色、手足の動きや硬さを観察し、持続時間を測る。と同時に救急への連絡をおこなうなど危機管理対応がとられるようにしておく必要がある。

②糖尿病による低血糖症状への対応

糖尿病は、インスリンの分泌の低下、またはインスリンの作用不足が原因で糖代謝が低下する代謝性疾患である。1型、2型がある。1型糖尿病の初期症状としては、全身の倦怠感、体重減少、多飲、多尿などがある。1型の場合、インスリンの分泌の不足を補うために生涯にわたってインスリン投与が不可欠となる。それに対して2型糖尿病は複数の遺伝子要因に環境因子などが作用して発症し、生活習慣と密接な関係にある。

1型では食事前のインスリン投与には注射によるものと自動ポンプの装着によるものがあり、対応は異なる。特に食事制限や運動制限はないこともあるが、低血糖症状（空腹感、冷や汗、眠気など）を示すこともあり、糖尿病昏睡など注意が必要である。対応としてブドウ糖などの糖分の補充や少量の捕食により落ち着く。2型の場合、食事など生活習慣などが中心となり、他の制限はない。

乳幼児期であっても一定の治療や投薬などによって通常の生活が可能な場合は多い。しかし、それぞれの配慮事項や投薬のタイミング、万一の処置の仕方には個別性などもある。集団生活においては、それらについて保護者から配慮点、注意事項などの丁寧な申し送りが必要となる。必要があれば直

接担当医から疾病の特徴や配慮点などを聞いて、正しく理解する必要がある。生命にかかわるだけに、細心の対応によって子どもの集団生活を充実させることができるのである。

（4） 重症心身障害児・超重症児について

重症心身障害児とは重度の知的障害と肢体不自由を併せもった子どものことを指す。これは医学用語ではなく行政用語であり、医学界では「重心児」、行政的には「重症児」というように分かれている。医療的ケア[28]にとどまらないケアを必要とし、運動機能的には寝たきりの子どもから坐位の運動機能障害を併せもつ子どもなどさまざまである。さらに、医療行為・医療的機器を使用している子どもを超重症児としている。

これらの子どもたちは医療行為が中心になるために医療機関などでの対応が求められる。その際、単に医療の対象とするだけではなく、成長段階の子どもにとっては医療と教育をあわせもった「療育」という視点が欠かせない。すなわち、日々のケアは単なる"介助"ではなく、教育の視点をもって対応する必要がある。たとえば、おむつ交換は衛生を保つだけではなく、気持ちの良い状況を作りだすこと、そのときの子どもとのやりとりは大事なコミュニケーションの機会であるとの理解が求められる。同時に、運動機能の障がいなどがあることから理学療法士（P.T.）や作業療法士（O.T.）など他の専門職種との連携はより必要となる。

（5） 医療的な配慮を必要とする子どもの保育上留意すること

乳幼児期は、成長中であるがゆえに、医療的な配慮がされることで、日常生活を豊かにすることが大事である。とりわけ同世代の仲間との切磋琢磨の中で得るものは、ほかに代え

※28 医療的ケア（第2章5 (2)）参照

がたい。そのための配慮点をいくつかまとめてみる。

　第一に、子どもの疾病についての正しい知識を得ることである。それは、その子の配慮点を考える第一歩になる。疾病に由来する要因なのか出生のあり方（超早産など）に由来する要因なのかなどを見極め、その子への特別な配慮と集団生活をする上での配慮を区別しつつ、特別扱いしないような対応も必要となる。

　第二に、集団生活をするうえで、年齢にもよるが理解できる形でクラスの仲間に疾病や配慮点などを知らせることである。保育者がどれだけ注意しても集団生活において完全な把握はできない。3、4歳にもなればある程度は理解できることもある。疾病のない子どもにとっても幼児期でのこのような経験は貴重だともいえよう。

　第三に、個別の対応については保育者集団での共有が必要である。担任や加配保育者が担うだけでなく園全体で問題や対応の仕方を共有しなければ危機管理への対応はできない。

　第四に、疾病によっては他の専門機関との連携や措置もありうる。専門職種との連携が必要な場合、保育園での対応の工夫や配慮などのアドバイスを受けることで充実した保育を展開できることもある。とりわけ、医療的ケアの内容によっては看護師などの配置ができるように要求する必要がある。

　第五に、保育内容として、子どもの年齢や発達、またその子自身の課題などをあきらかにしつつ、仲間のなかで育つことの意義をあきらかにして、クラスづくりをしていくことが大事である。個別の配慮を前提に、個別の指導計画[29]、クラスの保育指導計画を立てていく必要があるだろう。

※29　個別の指導計画・
　個別の教育支援計画（第
　5章4）参照

6 ——— 自閉症スペクトラム、LD、ADHD など

■事例⑰

　ミホ先生は保育園の4歳児クラスにいるタケシ君のことで悩んでいた。タケシ君は給食の時間以外、廊下や園庭をウロウロして部屋にいることがない。また、目の前を横切る友だちを押しては、友だちを泣かせてしまうこともあった。タケシ君は発達障がいの一つである「自閉症スペクトラム」と診断されていた。

（1）発達障がい

　発達障がいとは、2005年4月に施行された発達障がい者支援法（2016年5月に一部改正）によると「自閉症、アスペルガー症候群その他の広汎性発達障害、学習障害、注意欠陥多動性障害その他これに類する脳機能の障害であってその障害が通常低年齢において発現するもの」とされている。

　ここで大切なポイントは二つある。一つめは、発達障がいは生まれつき脳の一部の機能に何かしらの障がいがあって生じるという点である。かつて、自閉症などは親の育てかたが原因であると言われ、多くの親たちを悩ませてきた。現在では、しつけや育てかたではなく、脳機能の障がいに起因していることが通説となっている。ただし、脳の機能障がいであることはわかっていても、それがどの部位を中心におこっているものなのか、どのように生じているものなのかについては明らかになっていない。この点については、最新の脳画像研究やゲノム解析の技術の発展などによって今後明らかになっていくことが期待される。

　ポイントの二つめは、発達障がいがまれな障がいではないということである。文部科学省が2012年に実施した調査では、通常学級に在籍している児童のうち約6.5％に発達障が

いがある可能性が報告されている。この割合で考えると、15人に1人は発達障がいのある児童である可能性があり、保育園においても1クラスに1人、ないし2人は在籍していることになるだろう。

　発達障がいとはどのような障がいなのであろうか。次項では、それぞれの障がいの定義と特徴について見ていこう。

①自閉症スペクトラム（ASD：Autism Spectrum Disorder）
　自閉症スペクトラムはイギリスのローナ・ウィングによって命名され、20世紀末ごろから既に使用されていた概念である。「スペクトラム」とは「連続体」という意味をもち、重度の自閉症からアスペルガー障がいのような知的に遅れのないとされる自閉症まで境界線を引かずに、連続的につながっているという考えかたを含んでいる。たとえば、虹を想像してみよう。虹は赤、橙、黄、緑、青、藍、紫の順に7色で構成されているが、その境目は曖昧である。緑と青の違いがわかっても、その色がどこで変わるのかは明確にできない。自閉症スペクトラムも同様であり、重度から軽度までの連続体における症状の現れかたによる違いであると理解される。

　自閉症スペクトラムは主に「A. 社会的コミュニケーションの障がい」と「B. 限定的で反復的な行動、興味、活動」によって特徴づけられる。詳しくは、DSM-5（『DSM-5 精神疾患の診断・統計マニュアル』医学書院、2014）を参考にして以下にまとめる。これらの特徴が発達の早期の段階で必ず見られ（状況によっては後になって明らかになることもある）、社会的、職業的、もしくはその他の重要な分野において深刻な問題を引き起こしている場合に自閉症スペクトラムと診断がなされる。

A. 社会的コミュニケーションの障がい
①他者と情緒的関係を形成することの障がい
　・他者の行動を模倣することがむずかしい

・会話のやりとりがむずかしい

・他者と興味や情動、感情を共有することが少ない

②言葉を介さないコミュニケーションの障がい

　・視線が合いにくい

　・顔の表情や身振りなどが乏しい、もしくは状況にそぐわ
　　ない用いかたをする

　・物の提示や指さしを介して他者と関心を共有すること
　　（共同注意）がむずかしい

③人間関係を発展させ、維持し、それを理解することの障がい

　・友だちへの関心が薄い、もしくは友だちをつくることが
　　むずかしい

　・友だちとごっこ遊びをいっしょにすることがむずかしい

B. 限定的で反復的な行動、興味、活動

①常同的または反復的な身体の動き、物の使用、会話

　・おもちゃを一列に並べる、物を叩くなど単調で常同的な
　　動きを繰り返す

　・他者が話した言葉をそのまま繰り返す（反響言語）

②同一性への固執、習慣への頑ななこだわり、または儀式的
　な行動をみせる

　・小さな変化に対して極度の不安や苦痛を感じる

　・毎日同じ道順をたどったり、同じ食べ物を食べたりする

③極度に限定され固執した興味・関心

④感覚刺激に対する過敏さまたは鈍感さ、または異常な興味
　をもつ

　・痛みや体温に無関心のように見える

　・光または動きを見ることに熱中する

②**注意欠如多動性障がい（ADHD：Attention Deficit**
　Hyperactivity Disorder）

　注意欠如多動性障がい（ADHD）は「不注意」、「多動性」、

「衝動性」を特徴とする障がいである。これら３つの症状について、特に幼児期に示される特徴について説明する。「不注意」では、うわのそらでボーっとしている、外からの刺激などですぐに気が逸れてしまう、忘れ物や物を失くすことが多いなどがあげられる。「多動性」では、じっとしていられない、しゃべりすぎる、走り回る、高い所へ登るなどがある。「衝動性」では、質問が終わる前に答えてしまう、順番を待てない、待つことが苦手で結果的に他人を妨害し、邪魔をしてしまうように見られる、などがある（田中、2004）。[30]

　これらの姿は幼児期の子どもにおいてよく見られる特徴でもあるため、そのような姿が発達途上で見られうる特徴であるのか、もしくは、その子どもの全体的な発達と照らし合わせても特段に気になる姿であるのか、慎重に見ていく必要がある。一般的にこれらの特徴が一番目立つのは学童期であり、思春期以降は次第に目立たなくなると言われている。一方で、ADHDの症状は周りから非難を受けやすいものであり、注意や叱責を頻繁に受けるなどのマイナスの評価の積み重ねによって思春期以降は「二次障がい」（抑うつ、孤立感、劣等感など）が生じやすい。そのため、早い時期から次に述べる学習障がい（LD）同様、相談機関などを通じてその子が抱える課題を保育園全体で理解したうえで適切な対応を考えていくことが求められる。

③学習障がい（LD：Learning Disabilities）

　学習障がい（LD）は「基本的には全般的な知的発達に遅れはないが、聞く、話す、読む、書く、計算する又は推論する能力のうち特定のものの習得と使用に著しい困難を示す様々な状態を指すものである。学習障害は、その原因として、中枢神経系に何らかの機能障害があると推定されるが、視覚障害、聴覚障害、知的障害、情緒障害などの障害や、環境的な要因が直接の原因となるものではない」（1999年、文

※30　田中康雄 監修（2004）『わかってほしい！気になる子−自閉症・ADHDなどと向き合う保育』学習研究社

部科学省）と定義されている。

　学習面でのつまずきとして現れるため、文字の読み書きや計算が始まる学童期に入ってから障がいが顕在化することが多い。就学までに示される特徴として、乳児期ではあやしても笑わない、人見知りがない、真似をしない（喃語、擬声に乏しい）、多動（這い回り、おむつ交換がむずかしいなど）、周りからの刺激に敏感などが報告されている。幼児期では集団遊びに入れない、簡単なルールが守れない、話しことばの遅れ、多動（目が離せない、手が離せない）、注意転導（指示が通らない）、衝動性、不器用（スキップやハサミの使い方が下手）、利き手がはっきりしないなどがあげられる（上村・森永・隠岐・服部、1988[※31]）。

※31　上村菊朗・森永良子・隠岐忠彦・服部照子（1988）『学習障害—LDの理解と取りくみ—』医歯薬出版

　ただし、これらの姿はLDの子ども特有のものではなく、全般的な発達の遅れや、ADHDの子どもにも見られるため、乳幼児期での診断は非常にむずかしい。そのため、はっきりしない段階での診断を急ぐよりも丁寧に発達の経過を見ていくとともに、相談機関なども利用しながら個々の困難さに対応した保育をおこなっていくことが重要である。

　どの発達障がいも、なぜそのような行動をとってしまうのかが理解されにくいために叱責の対象となることが多い。また、失敗経験の蓄積や達成感の積みあがりにくさなどから苦手意識や強い抵抗感を抱えてしまうことがある。やがて、そのようなネガティブな情動体験の蓄積が自己評価の低さを招くとともに社会への不適応も生じさせかねないため、早期からの理解と対応が求められる。

　保育園や幼稚園で圧倒的に多く出会うのはタケシ君のような自閉症スペクトラムの子どもである。そのため、次項以降では自閉症スペクトラムを中心に、保育のなかで見せる困難な姿とあわせて、その姿をどのように理解して対応することが大切なのかについて考えていきたい。

　ここでは、保育・幼児教育の場で出会うことが多い自閉症スペクトラムの子どもの保育について取り上げる。

①感覚刺激に対する過敏さまたは鈍感さ

　「私にとって大きな音は、まったく歯医者のドリルが神経に突き刺さるような感じがして、実際に痛みを引き起こした。風船の破裂音は死ぬほど怖かった。それは鼓膜を破らんばかりに響いたからである。普通の人が無視できるような低いノイズでも、たやすく気が散った。大学時代、ルーム・メイトが使っていたヘアー・ドライアーの音は、ジェット機がそばを飛び立っていくように響いた。」

　上記の言葉は、自閉症スペクトラムの当事者であるテンプル・グランディンの自叙伝「自閉症の才能開発」の一節である[32]。自閉症スペクトラムの子どもが見せる保育上の困難にはこの感覚の問題が関係していることが多い。先述したDSM-5でも、それまでの診断基準にはなかった「感覚刺激に対する過敏さまたは鈍感さ」が新たに加えられている[33]。自閉症スペクトラムの子どもは、聴覚だけでなく視覚、触覚、味覚などあらゆる感覚に対して不安や苦痛を感じていることが少なくない。予告なしに突然耳に入ってくる赤ちゃんの声、音源がわからない飛行機や掃除機の音に恐怖を感じてパニックになる子どももいる。また、足が締め付けられる感覚が不快だからといって靴下や上靴を履かずに裸足で歩き回り、寒い冬はあかぎれを足にたくさんつくっている子どももいる。手が汚れるのが嫌で絵の具遊びに参加しない子どもや白ご飯しか食べることができない子どもなど、その姿はさまざまである。

　保育場面において、自閉症スペクトラムの子どもたちがそのような感覚の問題を抱えていること自体が理解されにくい

※32　テンプル・グランディン 著、カニングハム久子 訳（2007）『自閉症の才能開発―自閉症と天才をつなぐ環』学習研究社

※33　日本精神神経学会・高橋三郎・大野裕 監修、染矢俊幸・神庭重信・尾崎紀夫・三村將・村井俊哉 訳（2014）『DSM-5 精神疾患の診断・統計マニュアル』医学書院

現状がある。さらに、保育者にとってその感覚の問題がどれくらい深刻なものなのかわかりにくいため、受け入れたほうがよいのか、少し挑戦させてみてもよいのか、その対応に悩むことになる。ある子どもは音の原因を伝えてあげることで飛行機の音を怖がらなくなり、別の子どもは汚れた手をいつでも拭けるようにおしぼりを近くに用意してあげることで絵の具遊びに参加できるようになった。自閉症スペクトラムの子どもの感覚の問題に対応していくためには、その子が不安や恐怖のなかで生活していることはないか、あるとしたらどうやって不安や恐怖を拭い去ってあげることができるのかを一人ひとりに沿った方法で考えていくことが求められる。

②社会的コミュニケーションの障がい

「社会的コミュニケーションの障がい」を根っこにもつ自閉症スペクトラムの子どもにとって、保育園での友だちとのかかわりや集団活動への参加は大きな課題となる。朝の会に参加せずに教室を飛び出してしまう子ども、砂場で保育者と子どもたちがトンネル掘りをしていても興味を示さず、一人園庭を走り回っている子どももいる。感覚の問題も関係してか、プールでの水遊びには全く参加できない子どもも多い。どうしたら集団活動に参加できるようになるのか、みんなといっしょに遊べるようになるのか、保育者にとっては大きな悩みである。集団の中にいることが大事だと必死に声かけしながらみんなと同じ活動をしてもらおうとする保育者、無理強いはしたくないとその子どもの好きなようにさせておく保育者、大きなプールの横にその子専用のタライを用意して部分的にでも場の共有を試みる保育者など、保育者それぞれがそのかかわりや環境づくりを模索している。また、状況理解や言語理解のむずかしさが原因にあるものと考えて、言葉ではなく具体物や写真などを見せることで意味を理解させようとする方法（視覚支援）がとられることも多くなっている。

③限定的で反復的な行動、興味、活動

　「社会的コミュニケーションの障がい」とともに自閉症スペクトラムの障害特性にあげられる「限定的で反復的な行動、興味、活動」は、保育場面において「こだわり」行動として現れることが多い。ヒモを振り続ける、ドアの開け閉めを繰り返す、流れている水をずっと見続けるなどといった行動は他者がそこに介入しにくい状態をつくり、保育者としてもどのようにかかわればよいのか悩むことになる。保育の活動に入ってもらいたいという思いから「こだわり」をやめさせる方向に働きかける保育者もいれば、静かに落ち着いてやれる活動だからということで、そのまま見守っている保育者もいる。どういった対応にせよ、保育者にとってはとても根気のいるかかわりであるとともに、保育者を子どもと２人きりの関係に閉じ込めてしまうことになるため、保育者は途方もない不安と孤立感を感じることにもなる。

　以上のように自閉症スペクトラムの子どもは、その障害特性からさまざまな困難さを保育のなかでみせる。その困難さは時に保育者を"困らせる"行動にもつながるため、「どうしたらよいのか」その対応ばかりに注意が注がれてしまいかねない。しかし、適切な対応を導き出すためにはその困難さの背景にどんな理由が隠れているのか、子どもたちは何を思ってそのような行動をとっているのかを理解することが必要になってくる。保育者を"困らせる"行動は、実は子どもたちにとって"困っている"行動なのだという気づきが、「じゃあどうしてあげたらよいのだろうか」といった子どもの思いに根ざした対応を考えていくことにつながるのだ。次項では、自閉症スペクトラムの子どもがみせる困難な姿をどのように理解し対応していくことが大切になるのか、事例を通して具体的にみてみよう。

（3）自閉症スペクトラムの子どもの理解と対応

①不安な世界から一歩踏み出すきっかけ

■事例⑱

　冒頭で紹介したタケシ君も白ご飯しか食べることができないなど、感覚への過敏さをもつ子どもであった。あるとき、少し柔らかめのお米が混ざっていたのが気に食わなくて、それをちょっと指ではじいてしまった。すると、偶然にそのお米が隣に座っていたミホ先生の手の上に。ミホ先生は叱ることはせずに冗談交じりに「パク」と言ってそのお米を食べてみせた。それがタケシ君のツボにはまり、続けてお米をミホ先生の手にのせて、ミホ先生が「パク」と食べるのを笑い転げて見ている。このやりとりをミホ先生と何度も繰り返していると、同じ机で食べていたジュン君とセイジ君が、ミホ先生の真似をして自分のお米を手の上にのせて「パク」と食べてみせ、タケシ君を笑わせようとし始めたのだ。あちらこちらで繰り広げられるパクパク攻撃に、タケシ君はニコニコ。楽しい食事時間となった。その日以降もこのようなパクパクやりとりが幾度となく繰り返された給食だったが、ある日、給食にみんなで育てていたえんどう豆が入った豆ご飯が登場。何かがご飯に混ざっているだけで全く食べることができなくなってしまうタケシ君。しかし、この日のタケシ君は違っていた。いつもと同じようにジュン君とセイジ君が豆を自分の手の上にのせて「パク」としているのを見て、タケシ君が自分の手の上に豆をそっとのせて「パク」と豆を食べてニコニコ。初めて、白いご飯以外の食べ物を口に入れた瞬間であった。ミホ先生も他の先生もこの光景を見てびっくり。心の中で「タケちゃん、すごい！」と拍手をしたのだった（図2-11）。

図2-11　タケシくんの様子を見守るミホ先生やほかの子どもたち

　感覚の過敏さから不安を抱えやすい自閉症スペクトラムの子どもにとって、まずは不安を安心に変えてくれる身近な大人の存在と、その関係を媒介にしてつくられる安心できる環

境が重要になってくる。安心できる先生や友だちとの楽しくて、心地良い空間のなかで、"ぼくも友だちと同じことがしたいな"、"同じものが食べてみたいな"、そういう思いに導かれて、不安の世界から一歩を踏み出すことができるのである。

② 「問題行動」に込められた思い

　自閉症スペクトラムの子どもも定型発達の子どもと同じように、他者とかかわりたい、他者と同じことをしたいという思いをもっている。しかし、かかわりかたがわからなかったり、通常とは異なる方法でかかわろうとするために、周りからは気づかれなかったり、誤解をもたれたりしてしまうことがある。その代表的なものに注意喚起行動がある。注意喚起行動とは、他者の関心を自分に向けるためにおこなわれる行動のことである。保育者の背中を叩いてニヤニヤしながら逃げる、わざと触ったらダメと言われるものを触ろうとするなど、わざと相手の嫌がる行動をとるのも注意喚起行動の一つである。

　「相手の嫌がる行動」はもっとも相手から反応を引き出しやすい。他者への関心がはぐくまれつつある自閉症スペクトラムの子どもにとって、これらの行動は相手の反応を期待するものであり、相手とかかわるきっかけをつくることにもなる。定型発達の子どもでも1歳後半ころになるとこのような行動をとることが多々ある。しかし、長くは続かない。なぜなら、嫌がる行動をして怒られるよりも、誉められたり、楽しいことをいっしょにやってポジティブな情動を共有したりすることのほうが心地良いことに気づき始めるからである（白石、2007）[34]。自閉症スペクトラムの子どもは、そのような相手のネガティブな気持ちやポジティブな気持ちに気づきにくく、ただ反応を期待する行動として「相手の嫌がる行動」をとり続けてしまう。重要なことは、叱責してネガティ

※34　白石正久（2008）『自閉症の世界をひろげる発達的理解－乳幼児期から青年・成人期までの生活と教育』かもがわ出版

ブな行動をやめさせるのではなく、相手にネガティブな気持ちを起こさせるよりも、相手とポジティブな情動を共有することのほうが心地良いということを知ってもらうことである。そして、楽しいかかわりをたくさん経験するなかで相手とかかわるための方法をネガティブなものからポジティブなものへと切り替えていくことが重要になってくる。

③「こだわり」の世界から共感を楽しむ遊びへ

　楽しいかかわりをたくさん経験するためには、その子どもが「楽しい」「もっとしたい」と思えるものがあることが前提となる。しかし、自閉症スペクトラムの子どもは「こだわり」といわれる閉じた世界に没頭してしまうことがある。そのような行動は他者が介入しにくい状態をつくり、「楽しい」「もっとしたい」という思いを相手と共有する機会を奪ってしまうことにもなる。

　次のエピソードは、「こだわり」の世界から、いかに他者とのかかわりを取り込む活動にしていくかについて筆者が頭を抱えたケースである。

■事例⑲

　カズ君は３歳で、私がかかわっていた療育に週１回の頻度で通う自閉症スペクトラムの男の子であった。知らない場所や人が不安で、よく療育室では耳ふさぎをしていた。こちらから、「カズ君、遊ぼう」と声をかけてもおもちゃを見せても無視。ひたすら「ウエニマイリマス」「ドアガシマリマス」のエレベーターのアナウンスとともに療育室の戸の開け閉めを繰り返していたのだった。どうしたらカズ君が心を開いてくれるのだろうと頭を抱える日々だったが、あるとき、ドアの開け閉めを繰り返しているカズ君に「乗せてくださーい」と声をかけてみた。すると、アナウンスを繰り返していたカズ君が、「ドアガシマリ…ドアガヒラキマス」と閉めかけていた戸を再び開けて、筆者を通してくれたのだった。これは、カズ君のこだわりの世界に初めて私が入ることが許された瞬間であった。それからというもの、筆者の「１階おねがいします」の言葉に「イッカイ、ケショウヒンウリバデス」と応じ

てくれるなどのやりとりが成立するようになった。カズ君も筆者が入ってくることを自然に期待して待つようになり、繰り返しのなかで共感関係が徐々につくられていった。しかし、この遊びは療育室の戸をつかって繰り広げられる遊びのため、部屋の外と中を行ったり来たりしてしまう。カズ君に部屋の中で遊んでほしいと思った筆者は次に何をしただろう？

　段ボールを使って部屋の中にエレベーターを作ったのだ。カズ君もとても気に入ってくれて上手くいったと思ったのだが…これが大失敗となった。療育室という大きな世界に段ボールという閉じた世界を作ってしまったことで、カズ君がそこに引きこもってしまったのだ。これまでのやりとりも成立しなくなってしまった。そこで筆者は考え方を改めたのである。カズ君をこちらの世界に無理やり引っ張るのではなく、カズ君が大切にしている世界の中身を豊かに広げていこうと。そこで、部屋と廊下全体をエレベーターに見立てて、戸の外側（部屋の外）をエレベーター内に、戸より内側の部屋を各階に見立ててセッティングをした。「7階、レストラン」のアナウンスでは、別の保育者が部屋をレストランに見立てて椅子と机、お皿に乗った食べ物のおもちゃをセッティング。そして、カズ君と筆者は戸を開けて、レストランになっている部屋の中に入り、レストランで食事をして再びエレベーターに乗るという感じである。この遊びのなかで、カズ君は"次はどんな階になっているかな？"と戸を開くのを楽しみにするようになった。戸が開け閉めではなく、人といっしょに何かするためのツールに変わり、不安であった部屋は大好きな遊び場へと変わっていったのだ。

　カズ君との「エレベーター遊び」を通して、こだわりを「どうなくすか」でなく「どういかすか」、こちら側が見方を変えていくことの重要性を実感することができた。自閉症スペクトラムの子どもたちは、いっしょに笑ったり、楽しんだりするような情動を共有する経験自体がつくりにくい人たちでもある。そのため、いっしょに「楽しむ」経験をつくりだすことが大切な保育上の課題となってくる。「こだわりの世界」は、それ自体では他者とかかわる機会を得られにくくするかもしれないが、一方で、他者と楽しむ世界をつくりだすための唯一の間口ともなりうるのだ。

④「やってみようかな」という思いをつくりだす

「こだわり」のような、同じことを繰り返しやり続ける行動の背景には、「いつもと違うことへの不安」があると言われている（別府、1997）[※35]。「いつもと違う」という思いは、何が待っているのか、何をしたらよいのかわからないという不安を生み出す。そして、そういった不安は集団活動になかなか入れない姿にもつながってくる。さらに、今している活動から次の活動へ切り替えることがむずかしい姿の背景の一つにも、次に何をするのかの見通しがもてずに、次の活動に気持ちが向けられないということがある。冒頭で触れたタケシ君が給食以外の時間に部屋にいなかったのは、給食は何をするのかがはっきりわかるのに比べて、他の活動が何をしたらよいのかがわかりにくかった可能性もある。

これまで述べてきたように、「不安だけれどもやってみようかな」という思いをつくりだすためには、「この人といっしょだったら大丈夫」とか「この人といっしょに遊ぶのは楽しい」と思えるような大人がいることが大前提となる。加えて、用意された活動や場面がやってみたいと思えるような中身になっているか、その子にわかりやすいものになっているかが保育を組み立てていく上で欠かせないポイントになってくる。活動や場面の意味がわかり、そのなかで「やってみよう」と思えてできた活動は、より一層「楽しい」「もっとしたい」という思いを膨らませることにもつながるのだ。

　隣でお友だちがやっているのを見てもらうと伝わるかな
　イラストを描いて見せたら伝わるかな
　シンプルな言葉で伝えたら伝わるかな

いろいろな「わかりやすさ」を保育者は考えるだろう。大切なのは、子どもたちの理解の仕方はさまざまであるということである。だからこそ、子ども一人ひとりを見つめ、その

※35　別府哲（1997）『障害児の内面世界をさぐる』全障研出版部

子にあった伝えかたや活動の中身を考えていくことが必要となってくる。そうやって、自閉症スペクトラムの子どもとの間で「わかる」世界をたくさんつくり、間口を広げていくなかで、他者と共感する経験を積み上げていくことが自閉症スペクトラムの子どもの保育を考えていくうえで大切なのだ。

7 ―――― 障がい特性の理解と子ども理解

障がいにはそれぞれの特性がある。自閉症スペクトラムの場合には感覚面での困難（敏感・鈍感）、聴覚障がいの場合には聞こえの面での困難（難聴の程度）などを障がい特性として知っておくことは大切である。それでは、「障がい特性を理解すること」と「目の前の子どもを理解すること」は同じ意味だろうか。

（1）障がいを理解するとは？

第2章ではこれまで、それぞれの障がい特性を学んできた。ところが、障がい特性を学ぶと、目の前の子ども全体を障がい特性というレンズで理解しがちになる。障がいの特性を学んだのであれば、その知識から障がいのある子どもを理解しようとすることは間違っていない。問題はその知識の活用の仕方にある。ここでは、「障がい特性を理解する」ことと「障がい特性で理解する」ことについて考えていく。

まず、「障がい特性を理解する」ことを取り上げる。アキちゃん（2歳1ヵ月）という弱視のために周りの状況がわかりづらく、自分から移動してものやひとに接していこうとする気持ちが膨らみづらい子どもがいたとしよう。弱視について知っていると、見えにくいこと、見えにくさによる段差への不安、不安と相まって周囲への期待感が膨らみにくいこと、などを想像する手がかりとなる。このとき、「不安があ

※36　第2章1にあるように、弱視といっても百人いれば百通りの見え方があるとされる。ここで紹介しているアキちゃんの例もさまざまな見え方の一つとして理解しておきたい。

り外の世界（自分の外側）への期待が膨らみにくい」ことを踏まえ、「まずは大きな移動を必要としないなかでも期待感が膨らんでくるかかわり」を考えていくこともできる。大きな段ボールの家にかわいい窓をつくってみたとする。その窓をアキちゃんが内側から開くと、楽しげな表情で「ばぁ！」「こんにちは」「たのしいね」「あら、閉めちゃうの？」「まだかな？」と働きかけてくれる保育者と出会えるよう工夫することもできる。このように「障がい特性を理解する」ことは、保育環境の整備や保育者の働きかけを豊かにする「障がい特性を踏まえた子ども理解」へとつながっていく。

　次に「障がい特性で理解する」ことを取り上げる。アキちゃんが、階段の段差をつま先で探るような仕草や自分から移動していくことをためらっているような姿が見られたとしよう。その仕草を見て、「やっぱり弱視の子どもは（弱視だから）階段が苦手なんだな」「やっぱり弱視の子どもは（弱視だから）移動を怖がるんだな」と判断したとする。これらは、アキちゃんの不安な気持ちに心を寄せるのではなく、アキちゃんの行動が弱視の影響によるものと見なしているにすぎない。このように障がい特性によって相手の行動を説明した気分になることは、子どもの姿を「障がい特性で理解する」からである。「障がい特性で理解する」ことに慣れてしまうと、折り紙の両端をそろえて指先できれいに折り目をつけることができなかったり、画用紙からはみ出して机の上にも絵を描いたりする子どもを見て、「不器用だし力の加減もできないから注意欠如多動性障がい（ADHD）の子どもなんだろうな」と考えてしまいがちになる。こうした考え方の落とし穴は、関わろうとする側（たいてい大人）が安心したつもりになるだけであって、子ども自身が抱える不安やもどかしさはまったく変わらない点にある。

　障がい特性を学ぶ理由は、目の前の子どもの行動が「どの障がいの影響によるのかを見分けるため」ではない。保育者

は障がいの診断と治療という役割を担っているわけではない。障がい特性が子どもの行動や思いに及ぼす影響を考えたうえで、目の前の子どもが安心・安全の感覚をもって日々生活していくことを支える役割が保育者にはある。

(2) 発達を理解するとは？

　ここまでの話から、障がい特性で子どもを理解するのでなく、「障がい特性を踏まえた子ども理解」が大事だとわかっただろう。ただし、それだけでは十分ではない。先ほど紹介した「不安があり外の世界（自分の外側）への期待が膨らみにくい」アキちゃんの4歳半ころの姿を見てみよう。

■事例⑳

　保育者の「まずは大きな移動を必要としないなかでも期待感が膨らんでくるかかわり」や視力に合ったメガネを着けたことなどから、アキちゃんは靴を履くのもドアを開けるのも何でも「じぶんで！」と言う姿が見られるようになった。大人がつい先回りをして、靴を履かせたりドアを開けたりすると、「じぶんでしたかった～」と泣きながら抗議するようになった。以前はそろりそろりと降りていた階段でも、つまずいても支えることができるように大人が先に降りようものなら、「アキちゃんがさき！」と強く主張するようにもなった。

　弱視の障がい特性からアキちゃんの変化を理解することは可能だろうか。

　定型発達の子どもの場合、2～3歳ごろになると「じぶんで！」「じぶんでする！」といった言葉が「口ぐせ」になってくる（井上、2014）。この時期、「急がば待て」という「育児ことわざ[38]」があるように、大人による先回りやお膳立てをとても嫌がるようになる。おしっこの後でトイレの水を大人が先に流してしまうと「じぶんでしたかった！」、買う予定の商品を大人がお店の人に全部渡してしまうと「じぶんでし

※37　井上洋平（2014）幼児の「口ぐせ」の発達的変化：実習を経験した学生への調査、福山市立大学教育学部研究紀要、第2巻、1-10.

たかった〜」、インターホンが鳴って大人が先にドアを開けてしまうと「じぶんでしたかったぁ…」となる。大人にとっては「ささいなこと」で怒ったり泣いたりする姿に見える。「何をするか」はさほど問題ではなく、とにかく「じぶんでする」ことに価値があるように思えてくる姿である。このとき、「発達的特徴を理解する」ことができていれば、「じぶんでやってみたいんだな」と子どもの思いをくみ取ることや先回りすることなく「自分でしたらいいよ」とゆとりをもって子どもを見守ることができる。このように「発達的特徴を理解する」ことは、子どもが主人公となる保育環境や膨らんできた子どもの意図（つもり）を重視する「発達的特徴を踏まえた子ども理解」へと保育者を導いてくれる。

　他方、「じぶんで！」「じぶんでする！」という言葉を耳にして、「この子は『じぶんで！』といった自己主張が強くなってきたから2歳から3歳ごろの発達だろう」と子どもの到達点を判断するかもしれない。これは、子どもの姿のなかに一般的に言われていることと重なる部分を見つけ、その部分でもって子どもの姿全体を説明したにすぎない。前述の「障がい特性で理解する」ことと同様、子どもを「発達的特徴で理解する」ことになってしまう。

　また、「近ごろわがままになってきた」「今のうちに大人の言いつけを守る子どもに育てないと」と考えるような場合を想像してみよう。これは自分の考え方に合わない子どもの行動に直面した際に、自分の考え方を修正することなく子どもが変わることを求めている姿である。やはり子どもの行動を発達の観点からとらえたものではない。

　文章で読んでいると当たり前のことのように感じるだろう。障がいのある子どもの場合、いろいろな場面で発達的特徴（発達段階を含む）を保育者は知る機会がある。そのため以前とは異なる姿が出てきた場合、子どもの気持ちや思いに目を向けるよりも、発達が縦に伸びてきた証拠を子どものな

※38　2014年1月25日の朝日新聞（西部本社夕刊）でも取り上げられている。「育児ことわざ」とは、多くの人が育児で直面する出来事を題材にして元々のことわざに変更を加えたものである。「花より団子虫（花より団子）」「椅子の上に三秒（石の上にも三年）」などがある。

図2-12　障がいの特性や発達的特徴の理解のありよう

かに見つけようとすることがある。保護者も障がいや発達を
踏まえて子どもの「いま・ここ」の状況を考えるよりも、過
去との比較や未来に向けてすべきことに視点が向いてしまう
こともある。その結果、子どもの思いや考えに触れるために
「発達的特徴を理解する」のではなく、子どもの到達点の確
認や他児との比較のために「発達的特徴で理解する」ことに
なってしまう（図2-12）。

（3）障がいと発達の両方を理解するとは？

　これまで述べてきたように、「子どもの障がい特性や発達
的特徴を理解する」と「子どもを障がい特性や発達的特徴で
理解する」には大きな違いがある。前者は理解する対象（「何
を」理解するか）を示しているが、後者は理解するための手
段（「何で」理解するか）を示している。そして、「障がい特
性や発達的特徴を踏まえた子ども理解」によって、保育者の
環境整備や子どもへの働きかけが豊かになることを見てき
た。それでは、障がい特性と発達的特徴をともに理解するに

はどうしたらよいだろうか。第2章の冒頭に登場した自閉症スペクトラムのダイちゃんを例に考えてみよう。

ダイちゃんは3歳の誕生日を迎えたころから、必ず決まった手順通りにおこなう独自の「作法」が毎日の生活のなかに見られるようになった。一つは、夜寝る前に読んでもらう絵本に順番が出てきたことである。多様な絵本に触れてほしいと思って大人がいつもと異なる絵本を読もうとするものなら、心底嫌がるようになった。もう一つは、トイレ（うんち）に関する作法であった。ちなみにトイレに関するダイちゃんの作法は以下の通りである。①うんちが出る、②紙おむつとお尻拭きが入った引き出しへ歩いて行く、③お尻拭きを引き出しから引っ張り出す、④ズボンと紙おむつを脱いでお尻を拭いてもらう、⑤便器にうんちを落とすのを見る、⑥便座にすわる、⑦ティッシュをとって便器に落とす、⑧トイレの水を流す、⑨水で手をぬらす、⑩タオルで拭く、⑪部屋にもどってオムツやズボンを履く、⑫脱いだオムツを新聞紙でくるむ、⑬ごみ箱に捨てる、という一連のプロセスであった。ダイちゃんは、手順通りに進んでいれば機嫌を損ねることはない。しかし、上記の手順を踏むことを面倒に感じた大人が、どこかの手順を肩代わりしたり抜かしたりすると、ひっくり返って泣き始めるのだった。

こうした姿はどのように理解すればよいだろうか。自閉症スペクトラムは、社会的コミュニケーションや相互関係の維持の困難、限定的で反復した興味や行動（感覚の特異性を含む）という2つの特徴に基づいて診断がなされる。ダイちゃんのトイレにまつわる作法は、日常生活での融通のきかなさであり特定の方法への執着でもあるだろう。障がい特性の影響による行動と考えてよいのかもしれないが、3歳ごろから登場してきたことを考慮すると、発達的特徴の観点からも見ておく必要があるだろう。

特定の手順へのこだわりや同じ行動を繰り返すことは、自閉症スペクトラム特有の行動として理解されることが多い。本当に定型発達の子どもには見られない行動なのだろうか。

表 2-2 こだわりの平均発症時期 (Evans et al., 1997)

番号	質問	平均発症月齢(ヵ月)
2	ひとつのお気に入りの物に強い愛着をもつか？	13.85
7	同じ過程のスケジュールや毎日の日課を好むか？	15.43
5	こだわりの習慣があるか？	15.80
11	特定の食べ物に対する強い好みがあるか？	17.14
19	特別な活動や日課あるいは特定の順序や方法でしたり言ったりすることで寝る用意をするか？	17.43
10	特定の行動を何度も繰り返すか？	18.09
12	特定のやり方で食べ物を食べるのが好きか？	18.68
16	家庭で特定の細部（床の小さな汚れ、おもちゃについた傷や服のしみ）に敏感か？	19.58
1	特定の順序や方法で事が進むのを好むか（つまり、彼／彼女は "完璧主義者"）？	21.1
3	汚れ、清潔、整然（きちんとしていること）に強い関心があるか？	21.75
4	彼／彼女にとって "しっくりくる（just right）" まで物を並べたり特定の行動するか？	22.45
17	新しい遊びに移るよりもひとつの遊びや活動にこだわることを強く好むか？	22.96
6	物をまっすぐや対称な模様に並べるか？	23.65
9	家庭内で身の回りの物の "あるべき場所" を主張するか？	23.92
8	ふり遊びで同じことを何度も繰り返すか？	24.14
15	物を集めたり取っておいたりしているか？	25.26
13	特定の衣服の感覚にたいへん敏感か？	25.29
14	特定の衣服を着る／着ないという強い好みがあるか？	25.92
18	寝るのを先延ばしにする要求や言い訳をするか？	26.19

※39 Evans、D. W., Leckman, J. F., Carter, A, Reznick, J. S., Henshaw, D., King, R. A., Pauls, D. (1997) Ritual, habit, and perfectionism: The prevalence and development of compulsive-like behavior in normal young children. Child Development, 68(1), 58-68.

表 2-2 は、定型発達の子どもの保護者に質問紙による調査をおこなった研究の結果である（Evans et al., 1997[※39]）。調査された行動の中身一つひとつを見ていくと、どれも自閉症スペクトラムの子どもが示す行動であるかのようだ。ダイちゃんの絵本やトイレをめぐる作法は、それぞれ「特別な活動や日課あるいは特定の順序や方法でしたり言ったりすることで寝る用意をするか？（番号19)」と「特定の順序や方法で事が

進むのを好むか（つまり、彼／彼女は"完璧主義者"）？（番号1)」に該当するだろう。重要なことは、定型発達の子どもたちにも「こだわり」と呼ばれる行動が確認される点である。さらに、これらの「こだわり」は定型発達の子どもでは2歳から5歳にかけてよく見られるという。

　したがって、ダイちゃんの行動は、自閉症スペクトラムの障がい特性と幼児期前半の発達的特徴がともにかかわっていると考えられる。しかし、それでは「子どもを障がい特性と発達的特徴で理解する」でしかない。肝心なことは、目にした行動が何の影響によるのか判断することではない。行動の背後にある子どもの思いに触れて、「いま・ここ」と「これから」に対してできることを保育者や大人が考えていくことである。ダイちゃんの姿をさらに追いかけてみよう。

■事例㉒

　ダイちゃんは、4歳ころから交通標識への興味がとても強くなった。「一旦停止」、「通行止め」、「駐車禁止」、さらに「指定方向外通行禁止」といった標識を「いったんていし、かく？」と言って大人に要求する姿が出てきた。「ダイちゃん、通行止め描いて」と大人が頼んでみると、ペンを手に描き始めるものの、円や四角がきっちりと描けないとわかると、「つうこうどめ、かく！」と強い調子の言葉になるのであった。そして、ダイちゃんは、言われた通りの標識を描く大人の様子を隣で眺めていた。

　6歳の誕生日を迎え就学も近づいてきたダイちゃんの姿に、ある変化が見られるようになった。交通標識への関心はいっそう強くなりつつも、ミニカーと積木を組み合わせてドライブごっこをするようになっていた。交通標識を描くことは引き続き関心事であったが、描き方が大きく異なっていた。自分で取り組んでみるものの「できない」と判断するとすぐに大人を頼っていた

図2-13　交通標識を描いているダイちゃん

4歳ころとは異なり、思い通りの標識がすぐに描けなくても納得のいくものを描こうとする姿に変わっていた。思い描いた通りにいかないと、どうしてもダイちゃんのなかでイライラが募り、「かけない、かけない」といった言葉が出てくる。ところが興味深いことに、イライラが募るとたいてい「だいじょうぶよ、だいじょうぶよ」や「ゆっくりゆっくりかこうね」といった大人にかけてもらったと思われるひとり言をつぶやきながら自分で描き続けるのだった（図2-13）。

ダイちゃんの4歳ころと6歳ころの姿から何が見えてくるだろうか。4歳ころと6歳ころそれぞれの時点でのダイちゃんの思いや願い、4歳ころから6歳ころにかけてのダイちゃんの思いや願いの変化といった点から検討していく。

4歳ころのダイちゃんは、やってみて「できない」と思ったときは大人にしっかり受けとめてもらって安心したいのではないだろうか。定型発達の子どもの場合、2歳から3歳にかけては大人からすれば些細なことで、泣いたり怒ったりすることが日常茶飯事となる。的当てをしようと並んでいた2歳児クラスの子どもが、たまたま隣にいた子どもにぶつかって倒れてしまったとする。すると、倒れてしまったことで的当てをする気持ちまでもしぼんでしまうことがある。そのようなとき、保育者は実にさまざまな「いっしょ」を考えて接していく。一つのボールを「いっしょに」持って的当てをする。それぞれボールを一つずつ持って「いっしょに（同時に）」投げる。ほかの友だちと「いっしょの（同じ）」ボールを選ぶ。豊かな「いっしょ」を用意するなかで子どもが安心できるよう働きかけていくのである。

他方、6歳ころのダイちゃんは、交通標識を描くのはむずかしいけれど何とかして自分で描こうと試行錯誤しているのではないだろうか。定型発達の子どもの場合、4歳から5歳半ばにかけて「こんなのできる？」「できるようになった！」といった「口ぐせ」が登場する。時期を同じくして、「ほいくえんはたのしいからかえりたくないけど、おうちもたのし

いからかえる」といった２つの揺れる気持ちの自分なりの落としどころを探る姿も出てくる。子どもの発する言葉のなかに「〜だけど〜する」といった切り返しが登場すると、コマまわし、縄跳び、鉄棒、竹馬といった最初はできないけれど練習を重ねて技を習得していく姿も見られるようになる。つまり、練習を重ねた努力の結晶だからこそ、大人に自慢し認めてもらおうとするのだといえる。

　ダイちゃんの事例から３つのポイントが見えてくる。一つめは、障がい特性と発達的特徴はまったく別々のものではなく、互いにつながっている点である。交通標識への強い関心は、自閉症スペクトラムの障がい特性によるものだろう。しかし、うまくできないときに大人に頼り「いっしょ」にすることで安心する姿は発達的特徴によるものだろう。障がいと発達の側面が、互いに関連しあって出てきた姿として理解しておきたい。

　二つめは、障がい特性と一口に言っても、発達的な変化とともに障がい特性も変化する点である。４歳ころは交通標識が「うまくできあがる」ことを重視していた。ところが６歳ころには、交通標識を「自分で作りあげる」ことを重視する時期へと変化するようになった。興味や関心の対象そのものが変化しなくても、向きあい方や取り組み方は発達的な変化を通じて大きく変わることがある。当然、発達的な変化とともに興味や関心の対象そのものが変わることもある（たとえば、交通標識から地図への移行）。

　三つめは、障がい特性や発達的特徴の理解は、できることやできないことの評価に用いるだけでは不十分で、思いや願いを考える手がかりとすることも重要であるという点である。木下（2010）[※40]の指摘するように、そうすることで初めて目の前にいる子どもの深い理解へつながっていく。障がい特性や発達的特徴という一つの側面だけで子どもを理解しようとすると、どうしても決めつけてしまいがちになる。障がい

※40　木下孝司（2010）『子どもの発達に共感するとき：保育・障害児教育に学ぶ』全障研出版部

特性や発達的特徴の両面を踏まえて目の前の子どもの全体を理解しようとすると、子どもが見せてくれるいろいろな姿がつながりをもって現れてくるはずである。

（4）障がいを理解するとは？

第2章の冒頭部分をここに再掲する。

保育園でのお迎え場面のこと。「ダイちゃんはね、友だちの横でお気に入りの絵本をめくったり、友だちが遊んでいるブロック遊びに飛び入り参加していましたよ」と、担任のヨシダ先生が保護者に伝えている。そばにいたサツキちゃんも、「ダイちゃん、ニコニコえがおだったよ」とダイちゃんの保護者に話している。

ヨシダ先生は、ダイちゃんの障がいは自閉症スペクトラムだと知っている。当然ながら、保護者に「自閉症スペクトラムのダイちゃんはね…」などと様子を伝えたりはしない。なぜだろうか。単なる伝え方の問題だろうか。それとも、ヨシダ先生のダイちゃんに対する理解のありようの問題だろうか。

障がい特性や発達的特徴だけでダイちゃんを理解しているなら、ダイちゃんのその日の行動だけを保護者に伝えていたかもしれない。ところがヨシダ先生は、「友だちの横で」「友だちが遊んでいる」といったことと合わせて伝えている。保育園で友だちといっしょに大きくなってきたダイちゃんや友だちがダイちゃんを見つめる姿をヨシダ先生は大事にしてきたのだろう。だからこそ、近くにいた友だちが「ニコニコえがおだったよ」と話しているではないだろうか。障がいを理解するとは、障がい特性の影響を受けた行動を見つけることではない。具体的な姿から子どもの思いや願いを探り、そこに大人の思いや願いも織り交ぜ、ともに豊かな生活を味わっていくことにつながって初めて、障がいを理解したといえるのではないだろうか。

参考文献
赤木和重（2017）『アメリカの教室に入ってみた：貧困地区の公立学校から超インクルーシブ教育まで』ひとなる書房

Column 3　療育手帳について

1. 療育手帳の概要

　療育手帳とは、知的障がいのある人が一貫した相談や支援を受けやすくするために取得できる手帳のことである。療育手帳制度に基づき、各都道府県知事（政令指定都市の長）が知的障がいを判定し、交付している。

2. 療育手帳の申請方法と判定基準、有効期限

　療育手帳を取得するためには、各市町村の障がい児者福祉関連の担当窓口（福祉事務所）で申請をおこなう必要がある。次に各都道府県・政令指定都市の児童相談所（18 歳未満）・知的障害者更生相談所（18 歳以上）で知能検査、日常生活の支援状況の聴取などがおこなわれる。その後、知能検査の結果や支援状況が総合的に判定され、療育手帳が交付される。

　療育手帳の判定基準は各都道府県・政令指定都市で違いがある。療育手帳制度では「重度」の場合は「A」、「その他」の場合は「B」の 2 区分にされているが、地域によっては「最重度：A1」、「重度：A2」、「中度：B1」、「軽度：B2」など、4 区分の判定をおこなっている場合もある。

　療育手帳の有効期限は療育手帳を取得後、次回の判定年月が設定され、更新時に再度判定を受ける。

3. 療育手帳を取得するメリット

　手帳を取得すると以下の手当・福祉サービスを受けることができる。

①手当、年金について

　特別児童扶養手当は、療育手帳の判定結果が「重度：A」または「中度：B」で、20 歳未満の児童を扶養している保護者に対して、支給される。また「軽度：B2」の判定の場合は支給認定されない場合もある。

　障害者基礎年金は受給対象となるのは、20 歳以上で知的障がいの判定が「重度：A」、または「中度：B」が目安である。申請は各市町村の国民年金を取り扱う窓口でおこなう。

②福祉サービスなど

　障害者総合支援法に基づく障がい福祉サービスは、計画相談支援、介護給付を受けることができる。また、児童福祉法に基づく福祉サービスは、障害児相談支援、児童発達支援、医療型児童発達支援、放課後等デイサービス及び保育園等訪問支援を受けることができる。

③公共交通機関の運賃割引など

　各都道府県・政令指定都市で違いはあるが、旅客運賃の割引、医療費助成、NHK 受信料金の割引、携帯電話料金の割引、自動車税の減免制度などがある。

障がい児保育と発達支援の関係機関

障がい児保育と専門機関や専門家との繋がり

　４歳児クラスに入園してきたアヤちゃんは重度の肢体不自由のある女の子である。入園するまでは療育センターに通っており、今でも週１回は療育センターでリハビリをおこなっている。お昼の時間は鼻の管から栄養剤を注入するために看護師が来てくれる。アヤちゃんには保育者に加えて、たくさんの専門家がかかわっているのだ。

　アヤちゃんは保育園以外に、どのような場でどんな人と出会ってきたのだろうか、また、これから出会うのだろうか。

　第３章では、障がいのある子どもたちが誕生してから就学を迎えるまでに、どのような専門機関や専門家とつながりをもつのか詳しくみていこう。

1 ─── 早期発見と早期対応

（1）早期発見と早期対応はなぜ大切か

　障がいのある子どもやその保護者は日常生活や社会生活を送るうえで、「困りごと」をもつことがある。保育者など子どもにかかわる専門家はこの「困りごと」をできるだけ軽減し、その子らしい毎日を過ごせるようにかかわることが求められる。そのためには、障がいがある場合には障がいを早くに発見し（早期発見）、正しく理解することが必要となる。またさまざまな専門機関と連携しながら発達過程にある子どもの発達を支援していくこと（早期対応）が重要である。障がいを早期に発見し対応することによって、障がいが軽減されたり、社会生活が送りやすくなることなどが期待されている（内閣府、2002）[※1]。

　ここでは、出生から小学校に入学するまでの障がいの発見

※1　内閣府『平成14年度版青少年白書』（2002）「障がいの予防、早期発見、早期療育」（第2部第3章第5節1）

と対応について説明する。なお、対応の中身については次の節以降で詳しく述べているので、ここでは概要を紹介することとする。

（2）出生時における早期発見と早期対応

①出生時の状態の評価

　出生時の新生児の評価をする方法として、アプガー・スコアがある。アプガー・スコアとは、心拍数、呼吸、筋緊張、鼻腔刺激に対する反応、皮膚の色の5つの項目について、それぞれ0点、1点、2点、合計10点満点で採点し、評価するものである。7点以上が正常、4〜6点が第1度新生児仮死、3点以下が第2度新生児仮死と分類される。出生後「1分時」と「5分時」に評価するが、「1分時」のアプガー・スコアは出生時の状態を反映するのに対して、「5分時」のアプガー・スコアは、子どもの予後と強い関連を示すことがわかっている（仁志田、2015）[2]。

※2　仁志田博司（2015）『新生児学入門』（第4版）医学書院

②新生児集中治療室（NICU）

　新生児集中治療室（Neonatal Intensive Care Unit：NICUと呼ばれる）とは、低体重で出生したり、病気をもって出生したりして生命の危険がある新生児に対し、24時間を通して高度な治療をおこなう場である。アプガー・スコアの評価により、仮死が認められた場合にはNICUでの蘇生が必要となる。また新生児の場合、状態が急変することが多く、また子どもの成長という時間が回復と関係してくるため、数ヵ月をNICUで過ごすことが珍しくない（仁志田、2015）[3]。そのため、母親やその家族の長期的な支援も重要である。

※3　前掲書2

③低出生体重児と障がい

　通常、新生児の適正在胎週数は37週〜42週未満、適正

出生体重は 2500g〜4000g である。しかし、何らかの原因によってこの範囲を超えて産まれてくる場合があり、次のように分類されている。

〈在胎週数〉
・正期産児—在胎週数 37 週〜42 週未満で産まれた新生児
・早産児——在胎週数 22 週〜37 週未満で産まれた新生児
・過期産児—在胎週数 42 週以上で産まれた新生児
〈出生体重〉
・適正体重児———2500g〜4000g で産まれた新生児
・低出生体重児——2500g 未満で産まれた新生児
・極低出生体重児—1500g 未満で産まれた新生児
・超低出生体重児—1000g 未満で産まれた新生児
・巨大児————4000g 以上で産まれた新生児

　ここではこのうち、低出生体重児（極低出生体重児、超低出生体重児を含む）について述べる。
　近年、新生児・周産期医療の進歩により、低出生体重児の死亡率は減少している。一方で、低出生体重児のなかには、脳性麻痺、視覚障がい、聴力障がい、発達障がい（知的障がい、自閉症スペクトラム、注意欠陥多動性障がい、学習障がい、発達性強調運動障がいなど）といった障がいをもつ場合がある。そのため低出生体重児は出生後は NICU で治療を受けるが、退院後も医療機関において通常就学まで、健康状態や発達状態について定期的な健診を受ける必要がある。早期に障がいや障がいの可能性、発達の遅れなどがみつかった場合には、理学療法、作業療法、療育などの訓練や遊びを通して、諸機能や発達をうながす支援が大切となる。また保育園や幼稚園に通う子どもに対しては、専門機関と連携しながら障がいの知識を含めて子どもを理解し、保育環境を整えたり、適切な対応やかかわりをもつことが求められる。

（3）乳幼児健診における早期発見と早期対応

①乳幼児健診の目的

　乳幼児健康診査（乳幼児健診）は、すべての子どもやその保護者の健康を守ることを目的とした母子保健法のもと実施されている。具体的には、発達の道筋にそって子どもの姿をとらえ、子どものもつ発達へのねがいを探ることや、保護者が主体的に子育てができるようにすることがその目的である。現在、わが国では1歳6ヵ月児健診と3歳児健診の実施を市町村に義務づけ、健診項目を定めているが、このほかにも多くの市町村で3〜4ヵ月児、9〜10ヵ月児の健診を実施している。乳幼児健診の従事者は、医師・歯科医師、保健師、助産師、看護師、管理栄養士・栄養士、歯科衛生士、心理職などである。これらの専門家が身体発育や精神発達などの状況をみたり、保護者からの聞きとりをおこなうことによって、子どもの発達上の課題や障がい、保護者のもつ悩みを早期に発見していくことが可能となる。これらが見つかった場合には、医療機関、「親子教室」や「療育教室」などとよばれる子どもの発達や保護者の子育てを支援する場へとつなげていくこと、継続した相談をおこなっていくことなどが重要である。図3-1に乳幼児健診後の発達支援・育児支援システムの例を示す。なお発達支援や子育て支援の場については、次節以降が詳しい。

②各時期の乳幼児健診

　ここでは、3〜4ヵ月児、9〜10ヵ月児、1歳6ヵ月児、3歳児の各時期の乳幼児健診において観察する内容について、発達的特徴を中心に説明する。

ⅰ）3〜4ヵ月児健診

　生後4ヵ月頃は、「自分からほほえみかける、泣き声が大

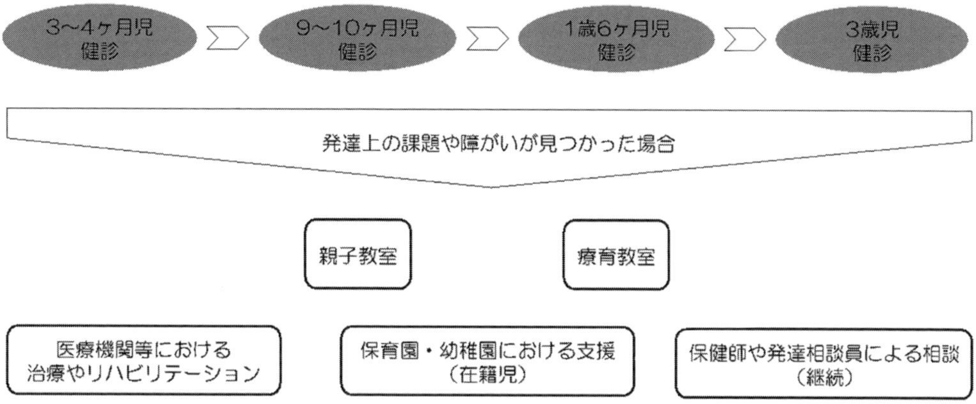

※複数の場で支援を受ける場合もある

図3-1　乳幼児健診後の発達支援・育児支援システムの例

きくなる、親指がひらいてモノのつかみ方が変わる」（藤野、2014）[※4]などのように、外界に能動的にかかわる力が高まっているかを確認する。また定頸（首がすわること）や寝返りなど姿勢・運動面についても確認する。

※4　藤野友紀（2014）『発達を学ぶ発達に学ぶ－誕生から6歳までの道筋をたどる』全障研出版部

ⅱ）10ヵ月児健診

生後10ヵ月頃は、「『自己－もの－他者』という三項が結ばれたやりとりのなかで、子どもが自分からコミュニケーションを開始するようになる」（松田、2009）[※5]姿や、「他者の注意を自分に引きつけるとともに感情の共有を期待して、その喜びを次の行動への意欲につなげていくこと」（同上）が見られているかを確認する。またハイハイやつかまり立ちなどの姿勢・運動面についても確認する。

※5　松田千都（2009）「1歳半頃までの乳児期後半」白石正久・白石恵理子編『教育と保育のための発達診断』第2章、全障研出版部、47-65.

ⅲ）1歳6ヵ月児健診

1歳6ヵ月頃は、“自分で○○したい”と主張する自我の誕生、“○○したい”という目的に向けた行動の調整、言葉で他者とやりとりする力（簡単な言葉かけを理解したり、単語を用いて自分の思いを伝えたりする）などを確認する。また安定した歩行が可能になっているかも確認する。

iv）3歳児健診

　3歳頃は、ものごとの対の関係（例：大きい−小さい）をとらえ始めているかを確認する。また対人面においても自分−相手という対の関係がわかり、他者の存在や意図を気にかけて行動したり（例：健診の場面では、試されていることがわかって検査にとり組まないなどの姿が見られる）、1歳6ヵ月頃に誕生した“自分で○○したい”という自我を言葉を用いて強く主張する姿が見られているかを確認する。保育園や幼稚園に通っている子どもの場合は、集団生活のなかでこのような力が発揮されているかも重要となる。

　以上のようなことを各時期の乳幼児健診で確認するが、これらの発達的な力が十分に獲得されていない場合には、早期に対応し、発達や育児を支援していく必要がある。

③保育園・幼稚園における対応（在園児に対して）

　これまで述べてきたように、乳幼児健診は子どもと保護者の健康を守ることを目的におこなわれている。したがって、すべての子どもと保護者が乳幼児健診を受けることが重要である。しかし、中にはさまざまな理由で乳幼児健診を受けない、あるいは受けることができない子どもや保護者がいる。このような場合、保育園や幼稚園における対応として、受診を推奨することが求められる。また、乳幼児健診において子どもの発達上の課題や障がい、保護者の育児に対する不安や悩みが把握された際には、「親子教室」や「療育教室」、医療機関などにおいて支援を受ける場合が多い。このとき、保育園や幼稚園はそれらの専門機関と情報を共有したり、必要な知識を得たりしながら、子どもの発達に応じてかかわる必要がある。また、乳幼児健診で子どもの発達上の課題や障がいが見つかった場合、保護者は子育てや子どもの将来に対する不安や悩みを高めることが少なくない。よって保育園や幼稚

園では、保護者の気持ちに寄り添ったり、子育てに関する助言をおこなったりすることが求められる。

（4）保育園・幼稚園入園後における早期発見と早期対応

　保育園や幼稚園に入園後、子どもたちは保護者と離れ、集団での生活を始めることになる。この集団生活のなかで家庭内の生活ではみられなかった、あるいは家庭内では気づかれなかった障がいがみつかる場合がある。ここでは具体例をあげて、保育園や幼稚園でみつかる障がいと対応について述べる。

■事例㉓

〈入園前〉

　サトシくんは、これまでの乳幼児健診で特に何も指摘されてこなかった。母親は、一度言い出すと聞かないサトシくんに育てにくさを感じてはいたが、"男の子らしい姿かな"と思っており、幼稚園入園については心配していなかった。

〈気になる姿〉

　サトシくんが幼稚園に入園して3ヵ月が経った。入園当初は、登園時に母親と離れられず、泣いてしまう日々が続いていたが、最近は登園後すぐに母親と離れ、大好きなブロックでじっくり遊ぶようになった。しかし、担任の先生は次のような点で気になることがあった。

・登園後は毎日ブロック遊びに集中しているが、ほかの遊びをしたり、友だちと遊んだりすることがほとんどない。

・ブロック遊びに参加しようとした友だちを叩く。何度注意してもなおらない。

・クラス全体での活動をしようとすると、教室から出て行ってしまう。

　このような姿についてサトシくんの母親に伝えると、母親も最近なかなか言うことを聞いてくれないサトシくんにどのような対応をすればよいか悩んでいた。そこで担任の先生は市がおこなっている「発達相談」を申し込んでみてはどうか、と母親に提案した。母親もぜひ相談したい、ということで申し込みをおこなった。

〈発達相談〉

　発達相談当日、発達相談員と保健師が来園し、サトシくんの様子をしばらく観察した。その後、サトシくんに空き教室に移動してもらい、発達検査を実施した。発達検査には、日ごろのサトシくんの様子をよく知る担任の先生と母親も同席した。

　サトシくんは時々席を立ったり、自分のしたいことをする行動がみられたが、最後まで頑張って検査にとり組んでいた。

　検査の結果、サトシくんには知的な遅れはないが、他者とのコミュニケーションに困難さがみられることがわかった。そして、友だちとトラブルが起きたときには叱るのではなく、サトシくんの気持ち、友だちの気持ちを大人といっしょに確かめること、サトシくんの大好きな遊びに大人が入りこんでいっしょに遊ぶことなど、サトシくんに必要なかかわり方もわかり、幼稚園や家庭で支援をおこなうこととなった。

〈医療機関の受診〉

　1年後、就学を控えたサトシくんをさらに理解し、就学後の支援に活かすことを目的に医療機関を受診することになった。受診の結果、サトシくんが自閉症スペクトラムをもっていることがわかった。医師のアドバイスもあり、小学校は特別支援学級に進学することとなった。

　サトシくんの事例のように、乳幼児健診では気になる点がみられなかったが、幼稚園入園後の集団生活において子どもが「困りごと」をもったり、障がいがみつかったりする場合がある。

　このようなとき、保育園や幼稚園での対応として、子どもの理解を深めたり、支援を考えたりする発達相談がある。発達相談とは、保護者や保育者、幼稚園教員などが子どもの「困りごと」について、発達の専門家（発達相談員などとよばれる）に相談するものである。発達相談員は子どもの行動観察や発達検査をおこなって、その子の発達の状態、得意なこと、支援が必要なことを確かめ、支援の方法を保護者や保育者、幼稚園教員とともに考える。現在、多くの自治体が発達相談を利用するためのシステムを整えている。子どもの「困りごと」を軽減させるため、保育園や幼稚園が発達相談を利

用することは大切なことと言える。またサトシくんの母親の
ように、保護者が悩んでいる場合に発達相談をすすめること
も大切である。

　また医療機関を受診することで、医学的な視点による子ど
も理解が深まる。さらに障がいがある場合には障がいの特性
に合わせた支援をおこなう必要があるため、子どもの状況や
保護者の思いに応じて、受診を考えることも大切である。サ
トシくんのように、就学先を考える機会で受診をすることも
ある。

　サトシくんの場合、自閉症スペクトラムがあることがわ
かったが、自閉症スペクトラムには、知的障がいを併せもつ
グループと知的障がいがないグループがある。知的障がいを
併せもつ場合には、乳幼児健診で知的な遅れがみられること
から発見につながる場合があるが、知的障がいがない場合に
は見つかりにくく、発見が遅れてしまうことがある。自閉症
スペクトラムは他者とのコミュニケーションにおける困難さ
がみられる障がいであるため、サトシくんのように保育園や
幼稚園での集団生活が始まってから「困りごと」が目立つよ
うになる場合がある。このように乳幼児期に発見されること
のある障がいについて、基礎的な知識をもっておくことも早
期発見・早期対応には重要である。

　以上、発達相談や医療機関の受診の重要性を説明したが、
保護者にとっては子どもの発達あるいは障がいについて指摘
されることが育児への不安につながる場合もあるため、慎重
にすすめる必要がある。

2 ── 早期支援が必要な1、2歳児の保育の場： 子どもの障がいへの対応と育児支援（親子 教室、遊び広場など）

　1、2歳児の子どもは、発達的に目覚ましい成長を遂げる
時期であり、特に1歳半の時期に大きな発達の質的転換が起

きると言われている。1歳半とは乳児期から幼児期への質的転換期であり、直立2足歩行の獲得、道具の使用、ことばの獲得といった大切な変化がみられる時期である（秋葉・白石、2001）[※6]。しかし、何らかの障がいがある場合、この1歳半の質的転換期に起こる3つの大きな変化が起こりにくく、歩行やことばの獲得が遅れる場合が多い。

　本節では、このように障がいの兆候を示す1、2歳児の子どもに対して、なぜ早期に支援が必要なのか。また早期支援が必要な子どもは具体的にどのような場で支援を受けることができるのか、例をあげながら紹介したい。

※6　秋葉英則・白石恵理子（2001）『シリーズ子どもと保育「1歳児」』かもがわ出版

---

(1) 障がいの兆候を示す1、2歳児の子どもに対して早期　支援が必要な理由

　1、2歳児の早期支援の必要性について、子どもへの支援、保護者への支援の観点から整理する。

　まず子どもへの支援では、早期から支援が開始されないことで子どもの成長発達が促進されず、歩行の獲得やことばの獲得が遅れてしまう場合が多い。特にことばの獲得が遅れることで、他者（特に保護者）とのコミュニケーションがうまくはかれず、かんしゃくなどが生じやすくなる。またその子どもが起こしている行動に対して大人が対応を誤ると、二次障がい（自傷行為や他傷行為など）が出現する場合がある。

　次に保護者への支援について、保護者は乳幼児健診の場面などで自分の子どもと他児との成長の違いを目の当たりにして、早期から育児不安が生じる場合がある。また早期支援が必要な子どもは1歳代から行動上の問題（たとえば、スーパーで走り回る、話しかけても指示が入らないなど）が生じやすい。その際、保護者が陥りやすい状況として、杉山（2007）は、「非社会的なさまざまな行動が生じると周囲からは『しつけの悪い子』という誤った判断が下されがちであり、両親がし

つけによって子どもの行動を修正しようとすると、さらに愛着の遅れが生じやすいことに加えて、激しい叱責や突き放し、体罰に発展することも少なくなく、心理的虐待、身体的虐待に至ってしまう」と指摘している。^{※7}

※7 杉山登志郎(2007)『子ども虐待という第四の発達障害』学研プラス

このような早期からの親子関係の悪化は、子どもの成長発達に深刻な影響を及ぼす可能性があるため、親子の良好な関係性を構築していくために、早期から支援をおこなうことは非常に大切なことである。したがって、障がいの早期発見・早期支援として、子どもと保護者との関係が深刻化する前から支援を開始することで、子どもの二次障がいの予防や保護者の育児不安の軽減（虐待予防）をおこなうことができるという意義がある。

---

(2) 支援が必要な子どもの支援の場について

乳幼児健診などで早期発見された支援が必要な子どもは、保健センターなどを通してさまざまな支援の場を紹介される。地域のなかでどのような支援の場があるのか、またどのような支援を実際におこなっているのかについて述べる。

①地域の遊び広場などについて

市町村によって地域の遊び広場の形態は異なるが、子育て支援センターや保育園、幼稚園などの園庭を開放し、地域の子どもたちが自由に遊べる場を提供している。遊び広場でのとり組みも地域によってさまざまである。自由に遊べる場だけを提供している場合と、参加している子どもを集め、手づくりおもちゃをつくったり、リズム遊びをしたり、絵本の読み聞かせなどの活動をおこなうなどのサービスを提供している場合がある。遊び広場は、主に保育者や育児に関する専門職が開催しているため、そのなかで育児不安を抱えている保護者の相談にも応じることができ、地域の全般的な育児支援

の場となっている。また、支援が必要な子どもをもつ保護者も気軽に参加でき、子どもが他児との交流を通じて、社会的な経験を積める場となっている。

②親子教室について

　１歳６ヵ月児健診で、早期発見された支援が必要な子ども（主に在宅児）には親子教室を紹介される場合が多い。親子教室には保健センターなどで実施している場合と、児童発達支援事業所・児童発達支援センターで実施している場合がある。

ⅰ）親子教室の概要

　地域によって親子教室にはさまざまな形態がある。対象は、早期支援が必要な主に１歳代から幼稚園や保育園などに就園するまでの子どもである。また、幼稚園や保育園に通いながら併行通室できる場合もある。定員は10人から20人程度の少人数で構成されている。通室期間も地域によって違いがあり、３ヵ月や半年などのクール制や保育園や幼稚園などが決まるまで長期に通室できる教室もある。

　親子教室のスタッフは、保育者、保健師、発達相談員などであり、育児相談に応じ、子どもへの具体的な対応方法を教室のなかで伝えている。

ⅱ）親子教室のプログラムについて

　親子教室の活動内容は、自由遊び、リズム遊びや設定遊び、散歩など、子どもの発達に応じて内容を吟味し、構成されている。具体的に親子教室のデイリープログラムを紹介する（表3-1）。

　親子教室のプログラムは、主に幼児期の活動を基本として構成されている場合が多い。以下で、具体的なとり組みを手がかりに重要なポイントをあげていく。

　幼児期の活動は、主に「生活」と「遊び」に分けられる。

表3-1　親子教室のデイリープログラムの一例

9：30～10：00	受付（出席ノートにシールを貼る）、自由遊び
10：00～11：00	朝のあつまり会（名前呼び、手遊びや歌など） リズム遊び 設定遊び（製作活動や粘土、描画、親子クッキングなど） 絵本の読み聞かせ 散歩
11：15～11：45	おやつ
11：45～12：00	終わりの会（手遊び・歌など）

「生活」とは「食べること」「排せつすること」「眠ること」「着替えること」であり、「遊び」は主に「散歩」「音楽リズム」「絵本の読み聞かせ、お話」「手遊び、指遊び」「園庭での自由遊び」である（両角、2000）※8

※8　両角正子（2000）『すべての子どもに豊かな育ちを─障害児保育30話─』かもがわ出版

　親子教室に通う支援が必要な子どもは、発達上の課題があることで生活面の力をつけていく際に非常に時間がかかる場合が多い。そのため、周囲の大人は子ども一人ひとりの活動ペースや、「できることとできないこと」を見極めながら、本人ができることを1つでも増やしていけるようにかかわっていくことを大切にしている。

　「食べること」に関しては、親子教室内で「おやつ」の時間を設定している。親子教室に通う子どものなかには、感覚過敏の問題から野菜が一切食べられない、白ご飯以外食べられないなど、極端な偏食をもつ子どもが多い。そのため、おやつの時間では本人の好き嫌いをみながら、無理強いしないことが大切である。嫌いなものに関心をもってもらえるように、野菜の収穫体験やおやつづくりの活動をおこなっている場合もある。

　「排せつ」に関しては、教室に通う子どものなかには、身体の成長の遅れから尿意を感じにくい、排せつの一連の流れを理解することが難しいなどで、排せつの自立が通常より進

みにくい場合がある。そのため、親子教室では活動と活動の切れ目に排せつの時間を用意し、習慣化できる機会をつくっている。その際、決して無理強いせず、子どものペースで排せつの自立を促進することを大切にしている。

「着脱」については、リズム遊びやプールなどで意図的に着替えの時間をつくり、自分で服や水着の着脱をおこなう機会を設けている。着脱の活動では、子どもができる活動を見極め、大人の介助を減らしながら、自立をうながしていくことを大切にしている。

「睡眠」は、子どもにとって非常に重要なものである。三池（2014）は、自閉症やADHDの子どもの一部に新生児期から乳幼児期にかけて睡眠トラブルがあることを指摘している[9]。また、睡眠の問題は、脳や身体の発育に影響を与えるため、早期に治療・対策が必要であることが指摘されている（大川、2015）[10]。そのため、睡眠トラブルがある子どもをもつ保護者には1日の生活リズムの聞きとり、日中の子どもの過ごし方や入眠までの過ごし方などを相談しながら、早寝・早起きができるように支援をおこなっている。

次に「遊び」については、支援が必要な子どもは、他者への関心が乏しく、好きなものに没頭して遊びが広がりにくい、または自分でなかなか遊びがみつけられないなどの特徴をもつ場合が多い。そこで、親子教室では、まず子どもの好きな遊びをみつけることから始めている。

「園庭での自由遊び」の場面では、まず子どもの様子をしっかり観察し、子どもがどのようなものに関心を示しているかを見極めて、対応していくことが大切になる。子どもは関心のあるものに対して、自発的に近づいたり、見たり、触ったりする。たとえば、滑り台が好きな子どもは自発的に何度も自ら滑りに行く。その際、大人はいっしょに滑ったり、「びゅーん」といって子どもの行動に擬音語をつけたり、滑り終わった後に「気持ちよかったね」と笑顔で働きかける

※9　三池輝久（2014）『子どもの夜ふかし　脳への脅威』集英社新書

※10　大川匡子（2015）『睡眠障害の子どもたち』合同出版

など、さまざまなアプローチをしながら、子どもと好きな遊びを共有する。そういった遊びのなかで、子どもは大人に対して声かけを期待したり、いっしょに滑るように要求を出すなどの行動の変化がみられるようになる。このように、親子教室では、まず子どもの好きな遊びをみつけ、その遊びを介して身近な大人（保護者など）がかかわるなかで、他者への関心を少しずつ広げていけるように働きかけることが大切である。また好きな遊びを介して身近な大人（保護者など）と遊びが共有できるようになると、次はさまざまな活動を通して、教室に参加している他児や家族以外の大人（保育者など）とかかわる機会を増やしていくことを大切にしている。

「音楽リズム遊び」では、はじめのうち子どもは活動の内容がわからず自由に走り回っている場合が多いが、他者（保育者や他児など）への関心が育ち始めると、他者の様子を観察したり、一部を真似し始めるようになり、徐々に活動に参加できるようになる。したがって、周囲の大人は子どもを無理に活動に参加させようとするのではなく、他者への関心が育つまでは、子どもが活動を見る機会を設けていくことが大切である。

そのほか、親子教室の中には多くの社会的なルールがある。周囲の大人は遊びの活動やその前後の活動のなかで、社会的なルールを積極的に伝え、子どもが自発的に行動できるようにうながしていく。たとえば、自分の出席ノートにシールを貼る、遊び終わったらおもちゃを片づける、設定遊びでは先生の指示を聞いて行動するなど、大人が子どもに繰り返し働きかけることで、子どもは徐々にルールを理解して自発的に行動できるようになる。その際、大人は子どもが自発的にできたことに対して意識的に注目し、褒める機会を設けることが大切である。大人が子どもの自発的な行動に対して、褒めるかかわりを繰り返しもつことで、子どもの自尊心がはぐくまれていく。

このように親子教室では小集団でさまざまな経験を通して、生活の力や社会的なルールをスモールステップで学べる機会を保障し、大きな集団（保育園や幼稚園など）に適応していく力を養っていくことを大切にしている。

iii）親子教室のなかでの保護者支援

　親子教室は子どもの支援の場だけではなく、保護者への支援の場となっている。親子教室の活動を通して、保育者や保健師などは保護者に対して、子どもへの適切なかかわり方や遊びの共有の仕方などを具体的に見せて伝えたり、ことばで伝えたりしながら、実践的に学べる機会を提供している。

　また、親子教室に通うことによって保護者は普段抱えている育児の悩みを保育者や保健師に直接相談できる機会をもつことができる。また市町村によっては、保護者は保健師との交換ノートを通じて、育児の悩みを相談できる機会もある。

　さらに保護者が子どもとの良好な関係を築いていけるように、子どもの発達やしつけの方法、進路の選択などを学べる研修会を実施している。研修会はグループワークなどを通しておこなわれる場合も多く、保護者同士で育児の悩みを共有したり、ほかの保護者が子どもへどのように対応しているかなどを聞いて、学べる機会ともなっている。最近では、保護者支援の一環で、ペアレントトレーニング（以下、ペアトレ）を実施している市町村が増加している。ペアトレとは、保護者が子どもとのより良い関係を形成できるように、子どもへの褒め方やトラブルへの対処法などを学び、楽しく子育てができるよう支援する保護者向けのプログラムである。ペアトレには、一般的な子育ての方法を学べるプログラムや発達障がいの子どもをもつ保護者向けのプログラムなどさまざまな種類があり、市町村によって対象者や実施するペアトレに違いがある。

ⅳ）親子教室での進路相談

　定期的に発達相談を実施することによって、保護者が子どもの発達や特性の理解を深める機会を設けるとともに、子どもへの具体的なかかわり方や進路選択などの相談に応じている。親子教室以降、子どもによって、進路選択はさまざまである。保健センターなどの親子教室で発達経過をみていくなかで、専門的な療育が必要と考えられる場合は専門病院や児童発達支援センターなどを紹介している。

　また、親子教室の活動を通して大きな集団でも適応できる対人関係や社会性などの力をつけた子どもは、保育園や幼稚園への進路を選択する場合が多い。

　早期発見や早期支援の意義について、具体的な事例をあげて紹介してきた。そのなかで乳幼児健診や親子教室などの運営をおこなう保健センターなどの専門機関の役割も大きいが、やはり早期から支援が必要な親子にとって身近な地域にある保育園や幼稚園、子育て広場が支援の中心となり、継続した支援がおこなえる体制づくりをしていくことが重要である。そのためには、社会情勢もふまえて子どもと保護者の両方のニーズを常に把握し、地域全体で支援体制を検討し、構築していくことが求められている。

3 ——— 専門機関での療育

　障がいのある乳幼児やその疑いのある子どもたちが通所して、その障がいや発達に応じた保育や療育を受ける専門機関には、児童福祉法に規定された福祉型児童発達支援センター、医療型児童発達支援センター、児童発達支援事業所がある。就学期の障がい児には学校教育に加え、自立を促進することや放課後の仲間と過ごす居場所づくりを目的とした放課後等デイサービス事業所がある。また、障がいのある子ど

もが在籍する保育園や幼稚園、学校で専門的な支援を受けることができる保育所等訪問支援という事業が2012（平成24）年度から新設された。ほかにも、学校教育法に規定された視覚支援学校や聴覚支援学校などの幼稚部も、その障がいに応じた専門の教育を受けることができる。

（1）障害児通所支援

2012（平成24）年度の児童福祉法の改正によって、障がいのある子どもたちへの療育支援制度が大きく変更された。障がいのある子どもたちが身近な地域のなかで、年齢や障がい特性に応じた専門的で適切な支援が受けられるよう、障害児通所支援という枠組みが創設され、障がいのある子どもたちへの支援強化が図られた。改正前は「知的障害児通園施設」「肢体不自由児通園施設」「難聴幼児通園施設」などと障がい種別で通所する施設が分かれていたが、法改正によって「児童発達支援」「医療型児童発達支援」「放課後等デイサービス」「保育所等訪問支援」の4つの事業が「障害児通所支援」として一元化された。また、障害者自立支援法に規定されていた「児童デイサービス事業」がこの障害児通所支援事業に位置づけられた。

児童発達支援は、集団療育および個別療育をおこなう必要があると認められる未就学の障がい児を対象とし、「児童発達支援センター」と「児童発達支援事業所」に区別される（図3-2）[11]。どちらも通所利用障がい児への療育やその家族に対しての支援をおこなうが、「児童発達支援センター」はその専門機能を活かして地域の中核的な支援施設として、そこに通う子どもの通所支援のほか、地域で生活する障がいのある子どもや家族への支援、保育園・幼稚園など障がいのある子どもを預かる機関との連携・相談・支援も、その機能として求められる。

※11　厚生労働省ホームページより引用。「障がい者制度改革推進本部等における検討を踏まえて障害保健福祉施策を見直すまでの間において障害者等の地域生活を支援するための関係法律の整備に関する法律について」https://www.mhlw.go.jp/seisakunitsuite/bunya/hukushi_kaigo/shougaishahukushi/kaiseihou/dl/sankou_111117_01.pdf
参考資料：障害保健福祉関係主管課長会議等資料（平成23年10月31日実施分）より

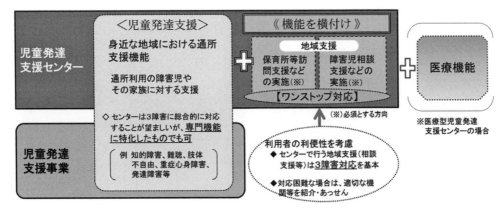

図3-2　児童発達支援センターと児童発達支援事業の違い

　厚生労働省（案）では障害保健福祉圏域から市町村に1～
2ヵ所に児童発達支援センターを設置することが望ましいと
示されているが、法改正以前に「心身障害児通園事業（障害
児通園（デイサービス）事業）」として運営されていた児童発
達支援事業所のなかには、現在もその地域におけるセンター
的役割を担っているところが多くある。
　「放課後等デイサービス」はその名の通り、学齢児を対象
とした福祉サービス事業で、放課後や長期休暇中に事業所に
通所し、小集団で、あるいは個別支援など、さまざまな形態
や内容で生活能力の向上、自立の促進のための支援や地域の
なかでの居場所づくりが提供されている。

(2) 児童発達支援センター

　2012（平成24）年度に改正施行された児童福祉法第43条
では次のように規定されている。
　「児童発達支援センターは、次の各号に掲げる区分に応じ、
障害児を日々保護者の下から通わせて、当該各号に定める支
援を提供することを目的とする施設とする。
　・福祉型児童発達支援センター：日常生活における基本的

表3-2　児童発達支援センターの人員基準の概要

【福祉型】

職種	員数等
嘱託医	1人以上
児童指導員及び保育士	・総数：通じて障害児の数を4で除して得た数以上 ・児童指導員：1人以上 ・保育士：1人以上
栄養士	1人以上
調理員	1人以上
その他必要な職員	日常生活を営むのに必要な機能訓練等を行う場合 ただし、主たる対象とする障害が難聴の場合は、聴能訓練担当職員：2人以上 言語機能訓練担当職員：2人以上
児童発達支援管理責任者	1人以上 （業務に支障がない場合は他の職務との兼務可）

【医療型】

職種	員数等
医療法上に規定する診療所として必要とされる従業者	同法に規定する診療所として必要とされる数
児童指導員	1人以上
保育士	1人以上
看護師	1人以上
理学療法士又は作業療法士	1人以上
その他必要な職員	日常生活を営むのに必要な言語訓練を行う場合
児童発達支援管理責任者	1人以上 （業務に支障がない場合は他の職務との兼務可）

動作の指導、独立自活に必要な知識技能の付与又は集団生活への適応のための訓練

　・医療型児童発達支援センター：日常生活における基本的動作の指導、独立自活に必要な知識技能の付与又は集団生活への適応のための訓練及び治療」

　つまり、児童発達支援センターには「福祉型児童発達支援センター（以下「福祉型」）」と医療（診療所）機能が付帯されている「医療型児童発達支援センター（以下「医療型」）」の2種類があり、それぞれに人員・設備の基準が指定されている（表3-2）。

　ここでは筆者が勤務するS市の児童発達支援センターを例にあげ、その療育の特徴や意義について述べる。

①福祉型児童発達支援センターでの療育

1歳6ヵ月児健診などで発達の遅れを指摘され、「知的障がい」「自閉症スペクトラム」の診断、あるいはその疑いが指摘される子どもたちが多く通っている。

登園日数や療育時間、療育内容（方法）は各施設により非常に多様であるが、S市のセンターでは、毎日の単独登園、クラス集団での療育をおこなっている。また、保育園や幼稚園に在籍する児に対し、親子での療育支援もおこなっている。保育者や児童指導員だけでなく、法的に規定されてはいないが、言語聴覚士や作業療法士、臨床心理士など専門職種を配置し、多様な視点と相互に連携し合った療育を提供している。

療育では安心して園生活を送れるよう、ゆったりとした日課で、できるだけ同じ「場所、時間、活動」をとり入れ、子ども自身が見通しをもって生活ができることを大切にしている。コミュニケーションの困難さをもち合わせている子どもも多く、変化に対して不安を高めこだわりが強くなることもある。環境設定や活動の予定や内容がより理解しやすいよう、ことばだけでなく、写真や絵カードなどの視覚支援ツールを併せて伝える工夫をおこなっている。

また、生活年齢や障がい、発達の状況に応じ10人前後のクラス集団を保障している。「何だろう」「楽しそう」と心を動かされ、子ども自身がとり組んでみたくなるような生活や遊び、友だち集団が園生活には不可欠である。担任を3〜4人配置し、不安や葛藤に丁寧に寄り添い、大人への安心感や信頼感を築いていく。遊びや生活のなかで大人や友だちと「いっしょが楽しい」という気持ちを膨らませ、意欲、興味を広げ、「デキタ！」「もっともっと！」と自分への自信を高めていくことを大切にした療育をおこなっている。

また定期的に親子登園（親子保育）を実施し、保護者が子どもに対して適切なかかわりができ、また子どもの行動の意

味や育ちをとらえられるよう、豊かな親子関係の構築ができるよう、さまざまな内容で保護者支援をおこなっている。

②医療型児童発達支援センターでの療育

「医療型」は医師や看護師、理学療法士あるいは作業療法士や言語聴覚士が配置されていることから、運動機能の発達の遅れ、上肢・下肢または体幹の機能障がいのある子どもや医療的ケアなど常時医療的配慮を必要とする子どもが主な対象である。[※12]

S市の医療型センターには医師や看護師、リハビリ職員、児童指導員や保育者、栄養士や調理スタッフなどが複数配置されている。多くは生後早期に医療機関や保健師からセンターの診療所を紹介される。まずは外来で診察やリハビリが開始され、その後、体力も高まり、より生理的基盤を整え発達をうながす土台をつくることを目標に、センターの入園に至る。

医療型センターでは親子登園を基本におき、低年齢の時期には親子保育を中心にし、年齢に応じて徐々に親子分離の形態をとっている。それぞれの専門職が個別に支援をするだけでなく、子どもの障がいや発達の状況、課題、保護者のねがいを共有しあい、多職種間が連携し合った療育を提供している。

低年齢の時期は基礎疾患の影響からの体調変化も大きく、毎日の睡眠の状況、脈拍や体温の変化、ミルクや食事の摂取量、排便の状況、表情や発声からも生理的な快・不快をとらえて子どもの健康状態を安定させられる対応を医師や看護師とともに探り、把握していくことが大切である。日常における姿勢管理はとても重要である。機能向上としてリハビリ効果が高いのも乳幼児期である。療育時間内に理学療法や作業療法、言語療法などの個別のリハビリを提供している。また、食事（水分補給）、排泄、更衣の着脱といった基本的日

常生活活動が園生活の流れのなかにある。身体の変形や拘縮を予防したり、誤嚥などの危険なく摂食を進めるためにも、保育者や医療・リハビリ職員と協同で子どもの障がいや発達の状態の評価、検討をおこなう。そのことは家庭で保護者が安心して子どもとの生活を送れる支援につながるのである

　医療型センターの療育でも大人への信頼感を基盤に、遊びや生活のなかで大人や友だちと「いっしょが楽しい」という気持ちを膨らませ、意欲や自信を高めていけるよう、「福祉型」と同様、見通しのもてる毎日の生活づくりやクラス集団での療育を基本としている。低年齢児の「遊び」の時間では、歌に合わせてマッサージをしたり、布ブランコでの遊び、くすぐり遊びの歌などで、子どもの心や気持ち、体にゆったり働きかけることを積み重ねる。体の緊張がゆるみ、声や揺さぶりの心地よさに子どもがふっと笑顔をみせてくれるようになる。「わきの下をくすぐられたら気持ちいいねんなぁ」「この歌に表情がゆるむなぁ」「歌の最後にあるくすぐりがわかったら笑い声出すね」と、「遊び」を通して大人とのコミュニケーションの土台が築かれていく。

　運動発達の遅れや障がい、睡眠リズムや摂食機能、医療的ケアなど生理的基盤や身体的介助、健康状態への関心やかかわりが中心になりがちな乳幼児期であるからこそ、保育者や、ほかの親子といっしょに楽しい遊びを共有しあい、笑顔でかかわりあうことの楽しさを共感し合える場面は、保護者にとって子育てへの前向きなエネルギーにつながっていく。子どもらしい遊びや生活が経験できるように、親子関係を豊かに深めていくための支援も、療育の大切な役割の一つである。

　両センターでは戸外遊びや散歩、プールやクッキング、そのほか季節の行事など、子どもの状態に合わせて参加の仕方を工夫し、できるだけ乳幼児期の子どもらしい遊びや経験をすることを大切にしている。

　センターは保護者にとって、同じ思いをもち共感しあえる

仲間と出会える場でもある。保護者会活動やさまざまな学習会を通じて、先輩の保護者との交流の機会もあり、就園や就学、また福祉サービスの情報が得られ、具体的な子育ての見通しがもてるようになっていく。子育て仲間を得ることは、子育てに楽しさやねがい、勇気を得ることである。日曜参観や、運動会、夏まつりなど、さまざまな家族参加行事にもとり組んでいる。家族行事の機会に、きょうだいはきょうだいで、「じぶんだけじゃない」ことを知り、また、家族いっしょに楽しく過ごせる体験にもなる。また、父親にとっても、父親交流会に参加したり、行事の役割を共同で担ってもらうなど、間接的であっても療育を理解してもらえる機会となっている。

（3）保育所等訪問支援

　保育所等訪問支援事業は、地域の保育園や幼稚園に通う支援を要する子どもに対して、児童発達支援センターの専門の支援員が在籍園へ出向いて、毎日の園生活がより過ごしやすくなるように、在籍園の先生といっしょに、その方法や工夫を考えていく療育支援である。月に1回から2回、または数ヵ月に1回など、子どもの状況やニーズに応じて支援計画を立てる。

　たとえば、運動発達に遅れがある子どもの場合、身体を使う遊びやお散歩、給食場面など、介助を必要とする場面を支

援員と共有し、実際に介助方法のコツや注意点を担任の先生に伝えることができる。また、友だちとかかわる場面を支援員が実際に目にすることで、歩行時の装具や座位保持椅子の設定など、より場面に応じた支援の工夫ができる。

　知的障がいや発達障がいなどの障がいのある子どもへの訪問支援では、設定遊び場面で支援員が子どものそばに寄り添い、気持ちを汲みとりながらかかわってみる。そのなかでみられた変化や行動を、専門職種の視点でとらえ、担任の先生と共有し、対応の工夫を共に考えあっていく。あるいは、子どもが過ごす様子を観察するなかで、より理解しやすい指示の方法や関心のもてる場面の設定などを提案することもある。

　保育所等訪問支援事業は利用者（子どもの場合は保護者）の利用申請で開始される。支援員は在籍園での子どもの様子、支援の工夫でとり組めた様子、担任の先生と確認しあったことなど訪問支援の内容を保護者に丁寧に報告をしている。訪問支援は子どもへの支援と同時に、保護者が在籍園に安心感がもて、わが子の育ちを肯定的に実感できることで保護者自身が子育てに前向きになれるよう支援をするという保護者支援の側面もある。

　このように、地域に対して療育支援を広げていくことも、児童発達支援の役割であり、障がいのある子どもやその家族がより安心し、生きいきとすごせる地域をつくっていくことも求められている。

4 ──── 保育園・幼稚園・子ども園などと関係機関との連携：横の連携

（1）横の連携とは

　保育園・幼稚園・子ども園などがその他の専門機関（保健、医療、福祉、教育など）と連携をとりながら障がいのある子どもの発達支援や機能改善をめざすことは障がい児の特別な

保育ニーズにこたえるうえで重要である。対象となる子ども
や園と協力しながら発達支援計画や個別支援計画を作成する
ことが共時的にとり組まれるが、このとき、地域の専門機関
と協力し、連携をとることを「横の連携」と呼んでいる。

　厚生労働省が2014年に発表した「今後の障害児支援の在
り方について（報告書）」では、「横の連携」をすすめるため
の具体策として次のような内容を整備する必要があるとして
いる。(a) 保育所、幼稚園、認定こども園において障害児を
受け入れ、主幹教諭・主任保育士等が関係機関との連携や相
談対応等をおこなう場合に、地域の療育支援を補助する者を
配置する。(b) 小規模保育、家庭的保育等において障害児
を受け入れた場合に、障害児2人につき保育士1人を配置す
る。(c) 地域型保育事業の1つである「居宅訪問型保育」に
おいて、障害児の個別ケアをおこなう場合、居宅訪問型保育
事業者は連携施設（障害児入所施設、その他の市町村の指定す
る施設）を設定する。(d) 教育・保育施設や地域の子育て支
援事業等を円滑に利用できるように、子どもとその保護者等
からの相談に応じ、必要な情報の提供及び助言や、関係機関
との連絡調整等を実施する「利用者支援事業」において、障
害児を養育する家庭からの相談等についても、市町村の所管
部局、障害児相談支援事業所等と連携し適切な対応を図る。
(e) 家庭において保育を受けることが一時的に困難になった
乳幼児の一時的な預かり事業において、児童の居宅において
一時的な預かりをおこなう「訪問型」を創設し、障害児等へ
の対応の充実を図る。また、子ども・子育て支援法に基づき
市町村子ども・子育て支援事業計画及び都道府県子ども・子
育て支援事業支援計画を作成し、都道府県は障害児等に対す
る専門的な知識及び技術を要する支援の実施について定める
こと、市町村は都道府県の実施する施策との連携について定
めるよう努めることとしている。[13]

※13　厚生労働省（2014）
　　『今後の障害児支援の在
　　り方について（報告書）』
　　厚生労働省ホームページ
　　https://www.mhlw.
　　go.jp/stf/shingi/
　　0000050945.html

■事例㉔

　メグミちゃんは、2語文を獲得しているが知的おくれがある。現在、保育園の年中児クラスに在籍している。1歳6ヵ月児健診のあと保健師のすすめで保健センターの親子教室のプログラムに半年間母子で参加した。地域担当の保健師のすすめで2歳3ヵ月のときから、療育教室に週2回通うようになった。1年6ヵ月後の4月、3歳9ヵ月になったときに現在の保育園年少児クラスに入園した。療育教室には週2回の通園であったが、保育園に通うようになってからは週1回通園している。それ以外の5日間は保育園で年中児クラスの子どもたちといっしょに保育を受けている。メグミちゃんのクラスには合理的配慮の必要な子どもが3名いるので、1名の加配保育者が配置され、見守り保育を受けている。合理的配慮が必要な3名は個人別保育指導計画が作成され、学期ごとの定期的な見直しが関係者（園長、主任、担任、加配）によっておこなわれている。その結果は保護者に伝えられ、併せて保護者の保育ニーズについても聴きとりがおこなわれる。

　個人別保育指導計画は併行通園している療育教室でも作成される。保育園と療育教室の保育内容の交流は、日常的には保護者を介しておこなわれている。それぞれで作成された個人別保育指導計画は、そのコピーが保護者を介してそれぞれのところに届けられる。保育内容や対応に大きな離齬が生じないように保育園と療育教室両方で吟味がなされる。また、学期に1回担当者が相互に訪問してメグミちゃんの様子を直接観察し意見交換の場がもたれている。

　メグミちゃんのように保育園入園後も療育教室に通う例は少なくない。療育教室から保育園への移行支援のうえでも障がい特性に配慮した保育をおこなううえでも、週1回ではあっても療育教室での指導が大きな効果をもつことが少なくない。保護者の家庭環境や就労状況や形態によっては併行通園が難しい場合もあるが、関係者でよく話しあって合理的配慮を横への連携のもとでどのように地域のリソースを活用しながらおこなうか、よく相談し、発達支援計画を立案してい

く必要がある。

　保育園と療育教室との横への連携を図っていくうえで重要なことはお互いに個人別保育指導計画を知りあうこと、直接に保育内容や対応を観察しあうこと、大きな離齬が生じないように意見交換を定期的に実施することである。保育実践の現場では、クラス担任や加配保育者が出向くことは難しい場合があり、園長や主任などがその役割を担うことが多い。その場合には、話しあいの内容や協議事項をクラス担任や加配保育者に正確に伝える工夫がいる。

---

(3) 子ども発達支援センターや医療機関など専門機関との連携

■事例㉕

　ダイゴくんは、2歳のときに自閉症スペクトラムと診断を受け、以後、定期的に子ども発達支援センターに通っている。子ども発達支援センターでは、医師、発達相談員、作業療法士、保育者のチームがダイゴくんのフォローアップをおこなっている。医師は、小児神経学や児童精神医学の立場から、脳波をとったり、神経学的兆候の有無を調べたり、家庭でのかかわり方へのアドバイスをおこなっている。発達相談員は、発達経過を診断したり、現在通園している園での仲間関係やコミュニケーション、遊びの様子、表現活動の内容などを聴きとったり、直接検査したりして調べて、アドバイスをおこなっている。作業療法士は、身体の動きや感覚、運動機能などを調べて、アドバイスをおこなっている。保育者は直接かかわって、大人との関係のつくり方やコミュニケーションの特徴、遊びや表現活動にみられる特徴を観察し、アドバイスをおこなっている。また、観察でえられた情報を診察や診断、アドバイスに活用するために提供する役割を担っている。

　ダイゴくんの保護者は、園での様子を記録した保育記録を受診時に必ずいっしょに届けるようにしている。園での様子は診察時のダイゴくんの行動観察を補ううえで、とても貴重な情報となる。保育記録を届けるだけでなく、子ども発達支援センターの受診時に園の担任や主任が保護者に同行することもある。

ダイゴくんのように障がいのある子どものなかには、定期的に医療機関や医療が配置された専門機関に通っている子どもがいる。ダイゴくんが通っている子ども発達支援センターは都道府県や市町村が設置している公的な専門機関の1つである。同種の児童相談所や児童福祉センターなどを利用する場合もある。また、病院などの医療機関のなかに障がいのある子どもを対象にした専門外来を設けているところもある。専門機関には、小児神経科医や児童精神科医、臨床心理士や臨床発達心理士、作業療法士、理学療法士、言語聴覚士、ケースワーカー、保育者などの専門職が設置されてチームでの対応ができるようになっている。

　専門機関の受診は原則として、保護者が申し込み、保護者の責任と同意のもとですすめられるものである。しかし、なかには専門機関へ行くことがなぜ必要なのか、診断を受けることは子どもの将来を制約することにつながるのではないか、などの思いから受診に踏み出せない保護者も少なくない。専門機関を受診し、専門的立場からのアドバイスを得ることが障がい特性に応じた合理的配慮をおこなううえで重要なこと、特別な保育ニーズにこたえるうえで有効であることを粘り強く説明していくことが求められる。

　発達経過や障がい特性の変化をフォローアップしていくうえで受診の情報は重要なものとなる。専門機関では受診時に検査や行動観察でえられる情報に加えて、家庭での様子や園での様子がわかる情報があると、より深く子どもの行動やニーズがとらえられる。園での保育の様子をまとめて届けることが専門機関から大いに期待されている。園の担任や主任などその子どもをよく知っている保育者が受診時に同行することもある。この場合、保護者の同意をえて質問事項をメモにしてまとめておくのが有効である。

　巡回相談とは、専門家（保育者・教諭、心理相談員、医師、ケースワーカー、保健師、指導主事など）がチームを組んで幼稚園・保育園を訪問し、事前に相談依頼のあったクラスや個人の保育の様子や行動を観察し、訪問園の園長や主任などの責任者やクラス担任、加配担当者、保護者などにアドバイスをする制度のことである。小学校や中学校など学校を訪問する場合もある。乳幼児健診のフォローとしておこなわれる場合もあれば、障がい児保育や特別支援教育の事業として実施される場合もある。実施している市町村でも実施主体が分かれている場合もある。また、まる1日かけて実施される場合もあれば、半日で実施される場合もあるし、1回の巡回相談が、1ヵ園でじっくり実施される場合もあれば1回で1チームが複数園を訪問する場合もある。また、巡回園が公立と私立の両方の場合もあれば、公立のみの場合もある。年間実施回数なども市町村によって異なっている。

　しかし、専門家チームと現場の園とが連携して特別なニーズのある子ども（障がいのある子どもを含む）の保育・教育内容を向上させるという目的は共通である。巡回相談の要請がある場合の多くは、従来の保育内容ではうまくいかない場合や子どもに接するときに従来のやり方とは異なる接し方が求められる場合、クラス編成や教材づくりに専門的な知識や判断が必要な場合などである。直接担当する担任や加配担当者が、保育に困難を感じている場合にどう対処するか、これまでのやり方やとり組みをどのように見直すか、横の連携をどのようにすすめていくかなどが相談の中心となる。

5 ___ 保育園・幼稚園・子ども園などと関係機関との連携：縦の連携

(1) 縦の連携とは

　前節で述べてきたように、保育園などがその他の専門機関（保健、医療、福祉、教育など）と連携をとりながら障がいのある子どもの発達支援や機能改善を目ざすことは「横の連携」と呼ばれている。厚生労働省が2014年に発表した「今後の障害児支援の在り方について（報告書）」ではこの「横の連携」に加えて、"子どものライフステージに応じた切れ目のない支援" として「縦の連携」を強調している。「縦の連携」とは、子どものライフステージに応じて一貫した支援をおこなっていくことであり、保育園などと直接関係している主な支援として保育園や幼稚園などへの入園と就学に向けての移行支援があげられる。ここでは、主に保育園を例にあげて説明する。

(2) 保育園入園までの道のり

　保育園入園までの一般的な流れについて説明する（図3-3）[※14]。まず保護者が「保育の必要性の認定の申請」と希望する施設名などを記載した「保育利用希望の申込」を居住地域の市町村役場に提出する。市町村は提出された書類を確認し、まずは保育の必要性の認定・認定証の交付をおこなう。この保育の必要性の認定は、保護者が就労している、妊娠中か出産後間がないなどによって「保育に欠ける」状況であるかどうかをかんがみて判断される。そして、保護者の希望や施設の利用状況などに基づき調整をおこない、利用可能な施設のあっせんや要請などをおこなう。

　最後の契約手続きについて、これまでは保護者と市町村が

※14　厚生労働省『子ども・子育て支援新制度における利用調整について』（2014年8月28日配布資料）より、筆者作成

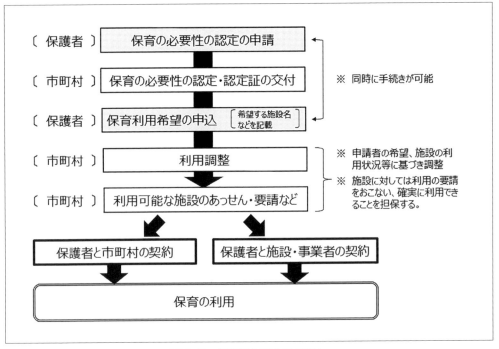

図 3-3　保育園入園までの流れ

契約を結んで決定となっていた。ところが、2015 年に開始された「子ども・子育て支援新制度」によって保護者と市町村が契約を結ぶ場合と、保護者と施設・事業者が直接契約を結ぶ場合の 2 つのやり方が並存するかたちになった。前者は市町村の責任で保育を提供するのに対して、後者は市町村の責任は生じずに、契約を結んだ保護者や施設事業者の責任となる。

　障がいのある子どもの場合も入園までの流れは同様であるが、施設の利用状況などに基づき調整する際に、障がいの程度、保育園の集団が子どもの発達へ与える影響、施設側の受け入れ体制や能力などをかんがみつつ、保護者の希望に基づいて受け入れ可能な施設を決めていく。保護者と施設・事業者が直接契約を結ぶ場合において、障がいのある子どもの保育に対して十分な責任が負えないという理由で受け入れを拒否する保育園が増えることが懸念されている。[15]受け入れを拒

※15　茂木俊彦・近藤直子・白石正久・中村尚子・丸山啓史・池添素 (2011)『障害のある子どもと「子ども・子育て新システム」』全国障害者問題研究会出版部

否された場合には、保護者自らが子どもを受け入れてくれる保育園を探し求めなくてはならないこともある。新しい入園の仕組みが保護者にさらなる負担を負わせることにならないよう、保育利用までの保護者の不安や疲労について私たちは心に留めておく必要があるだろう。

　受け入れ施設決定後、市町村は子どもの障がいの程度に応じて加配の配置や保育所等訪問支援などの実施準備を児童発達支援センターなどとともに進めていくことになる。保育園側も市町村との相談に加え、必要に応じて保護者との面談やその他の専門機関との情報共有をあらかじめおこない、保護者のねがいや入園後の配慮について検討したうえで受け入れ体制を整えておくことが求められる。これまでに療育教室や親子教室などの専門機関を利用した経験のある子どもの場合には、利用していた専門機関と連絡をとりあい、子どものこれまでの育ちや発達、障がいの程度など詳細な情報の収集や必要な支援の引継ぎをおこない、入園後の保育につなげていけるようにすることが大切である。

（3）小学校入学までの道のり

　5歳児の1年間、子どもたちはお兄ちゃんやお姉ちゃんになった自分を誇らしく思い、小学校に入って勉強できる喜びに胸を躍らせる。保護者もわが子のこれまでの成長を実感しつつ、小学校入学への期待と不安が入り混じった気分の高揚を幾度となく感じるだろう。ところが、障がいのある子どもをもつ保護者にとって、この1年間はほかの保護者のように必ずしも輝いたものではなく、悩みや葛藤を繰り返す日々であったりする。なぜなら、障がいのある子どもの就学先には通常学級、特別支援学級、特別支援学校、さらには通常学級に在籍しながら通級指導教室を利用するかといった多様な選択肢があり、保護者は1年かけて就学先を決定し、わが子に

必要な支援を考えていかなくてはならないのだ。就学に向けての「縦の連携」は、保護者が就学先を決めていく道のりを支援していくことと、就学先で子どもが安心して過ごせるために支援の引継ぎをおこなっていくことである。

　就学先を決定するまでの流れについて、文部科学省は2013年に「共生社会の形成に向けたインクルーシブ教育システム構築のための特別支援教育の推進」を目的として、学校教育法施行令第5条にあたる就学決定システムの改訂をおこなった。改訂による大きな変化は、就学基準に該当する障がいのある子どもは特別支援学校に原則就学するという従来の就学先決定の仕組みを改め、障がいの状態、本人の教育的ニーズ、本人・保護者の意見、教育学、医学、心理学など専門的見地からの意見、学校や地域の状況などをふまえた総合的な観点から就学先を決定する仕組みになったことである（図3-4、図3-5）。就学基準とは学校教育法施行令の第22条の3に定められた障がいの程度である（表3-3）。これまで

※16　文部科学省初等中等教育局特別支援教育課『教育支援資料〜障害のある子供の就学手続きと早期からの一貫した支援の充実〜』（2013年10月 文部科学省）より。www.shinkyousha.com/files/libs/633/20181011135440712.pdf

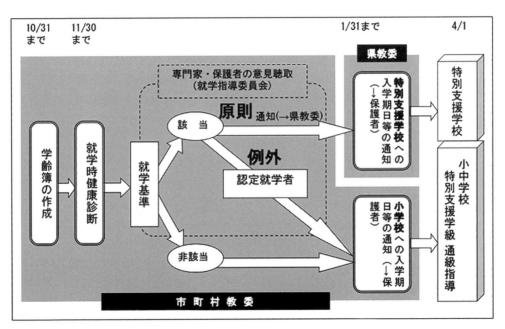

図3-4　改定前の就学決定システム

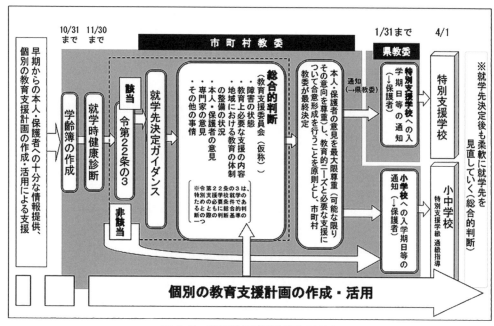

図 3-5　改訂後の就学決定システム

表 3-3　特別支援学校就学基準（学校教育法施行令の第 22 条 3）

区分	障害の程度
視覚障害者	両眼の視力がおおむね〇・三未満のもの又は視力以外の視機能障害が高度のもののうち、拡大鏡等の使用によっても通常の文字、図形等の視覚による認識が不可能又は著しく困難な程度のもの
聴覚障害者	両耳の聴力レベルがおおむね六〇デシベル以上のもののうち、補聴器等の使用によっても通常の話声を解することが不可能又は著しく困難な程度のもの
知的障害者	1. 知的発達の遅滞があり、他人との意思疎通が困難で日常生活を営むのに頻繁に援助を必要とする程度のもの 2. 知的発達の遅滞の程度が前号に掲げる程度に達しないもののうち、社会生活への適応が著しく困難なもの
肢体不自由者	1. 肢体不自由の状態が補装具の使用によっても歩行、筆記等日常生活における基本的な動作が不可能又は困難な程度のもの 2. 肢体不自由の状態が前号に掲げる程度に達しないもののうち、常時の医学的観察指導を必要とする程度のもの
病弱者	1. 慢性の呼吸器疾患、腎臓疾患及び神経疾患、悪性新生物その他の疾患の状態が継続して医療又は生活規制を必要とする程度のもの 2. 身体虚弱の状態が継続して生活規制を必要とする程度のもの

は、この基準に該当する子どもは原則、特別支援学校への就学がすすめられていた。改訂後は、すべての就学予定者に小学校の就学通知を出すこととし、その例外として特別支援学校に就学可能な子どもたちを「認定特別支援学校就学者」として扱うこととしている。この「認定特別支援学校就学者」は就学基準に該当する範囲で認定されるのに加えて、(a) 子どもの障がいの状態、(b) 子どもの教育上必要な支援の内容、(c) 地域における教育の体制の整備の状況、(d) その他の事情（保護者及び専門家の意見聴取など）にもとづいて総合的に判断される。

　(a) から (d) の把握内容と方法は市町村によって異なるが、医師による診断や医療的な配慮の検討、保健センターや児童発達支援センターなどの発達相談員による発達検査の実施などに加えて、小学校の特別支援コーディネーターや特別支援学校の教員などが保育園に来園し、子どもの行動観察をおこなうこともある。また、保育園での子どもの様子や実際におこなってきた支援などは重要な情報となる。受け入れ先となり得る学校では障がいのある子どもを受け入れる教育体制や条件整備が整っているかの検討が必要となってくる。特別支援学級や特別支援学校では見学や実際に授業に参加できる体験入学の機会を設けており、実際にクラスで体験的に過ごすわが子の姿は、保護者にとって、就学先選びの重要な判断材料の一つとなる。保護者が希望して、見学や体験入学に保育者が同伴することもある。保護者の意向の聴きとりは、これまでにも相談支援で関係のあった発達相談員が実施することが多いが、もっとも保護者が信頼している保育者を通してなされることもある。また、併行通園の子どもの場合には、保育園以外に利用している専門機関からの情報も欠かせない。こうした情報は就学先の決定だけではなく、就学以降の支援体制をどう整えていく必要があるかを考えていくうえでも重要となる。就学先へのスムーズな支援の引継ぎを目的

として、子どもの実態や配慮事項などを保護者と保育園が記述する発達支援ノート（移行支援ノート、就学支援ノートなど呼び方はさまざま）を配布し、就学先へ提出することを推奨している市町村もある。

　就学先の決定について最終的には得られた各専門機関からの情報と保護者の意向を総合して判断がなされるが、いくつもの条件を取捨選択しつつギリギリまで悩む保護者も少なくない。特に2013年の法改正により保護者の意見が最大限に尊重されるようになったことは評価できる反面、選択できるということでの悩みの増幅、選択結果に責任を負う必要性が生じるという不安を新たに保護者に抱えさせることになった。保育者はそういった保護者の揺れる姿に寄り添いながら、他機関からのあらゆる情報を共有しつつ、保護者が少しでも納得のいく判断ができるまで支えぬくことが大切となる。

Column　4　療育の現場から

　療育教室には、障がいの重い子、身体的な障がいのある子、さらには一見障がいがあるようにはみえない子どもたちなど、多様な子どもたちが通ってくる。

　発達や障がいの程度はさまざまであるが、療育で出会う子どもたちに共通しているのは、楽しめる世界が狭いことと自信がないことではないだろうか。もちろん、「電車が好き」「体を動かすのが好き」など、何か好きなことや楽しめることはある。しかし、その楽しさは"一人で""好きなように"する楽しさであることが多く、ほかの人とつながりながら創り出す楽しさにまで至らないことがある。また、恥ずかしさや不安感から「やってみよう」という意欲がもてなかったり、すぐに思うような結果につながらないとイヤになってやめてしま

うなど、意欲・粘り強さ・自信がもてずにいる姿もみられる。その背景には、障がいや発達のアンバランスなどにより、外の世界への興味関心の高まりにくさ、他者と心を寄せあってかかわることのしにくさ、体や手指操作の不器用さ、などの問題が絡みあっている。

　療育での発達支援は、「楽しい」と感じる力、「やってみたい」と思う意欲、「できる」という自信、それらを他者といっしょに感じあっていくといった、子どもが育つ土台をはぐくむことが最大の役割だと考えている。療育という小集団だからこそ、一人ひとりの興味や気持ちに寄り添いながら、時間をかけて経験の幅を広げることで、発達をうながしたり、障がいの軽減につなげるのである。

　それに対して親子教室は、療育につながる前のフォロー教室である。健診などで育ちの遅れや問題を指摘された時に親が感じる不安や戸惑いは計り知れない。障がいや発達のアンバランスがある子どもたちのなかには、夜泣きがひどかったり、偏食がきついなど、生活面での課題を抱えていることがあり、過度な育児負担につながりやすい。親子教室は、子どもの育ちも不透明で見通しがもちにくく親の不安が強い早期に、親子で通うことで子どもへの接し方を学んだり子どもとかかわる楽しさを感じながら、次の見通しをもてるようにする場である。

　どの子にも育つ力がある。しかし、育ちのスピードはそれぞれ異なる。親が子どもの育ちに希望をもち、育ちのスピードに歩調を合わせながら子育てを楽しむことができるように、そして子どもたちが障がいやアンバランスがありつつも育つ力を発揮することができるように、親子の出発点を支えていく場所が療育教室や親子教室である。

家族の障がい受容と成長

障がい児の家族の障がい受容と成長

　わが子に障がいがあるとわかったとき、親はさまざまな葛藤を抱えつつも障がいを受けいれ、どのように成長していくのだろうか。

　障がいのある子どもとかかわるうえで、子どもの発達を保障するとともに、障がい児を含む親、きょうだいなど家族のねがいやなやみに寄り添い、支えることが大切である。

　第4章では、障がい児のいる家族（親、きょうだいなど）の葛藤、受容、成長の過程を理解し、支援のあり方や保育者の役割について考えてみよう。

---

1 ─── 親の障がい受容の過程と支援

　「オギャー」と産声を聞いた母親はまず何よりも"五体満足"かどうかを心配する。「元気な赤ちゃんですよ」の助産師のことばに出産の疲れも忘れてほっとする。そしてその胸に抱きとめる幸せをかみしめる。それは同時に、わが子のこれからの人生に親としての責任や役割を引き受ける覚悟を決める瞬間でもある。

（1）障がいを受容するとは

　わが子に障がいがあるとわかったとき、ショックを受けない親はいない。では、親がわが子の障がいを受容するとはどんなことなのか。一つは、わが子が障がい児であることそのものを認めることである。もう一つは、障がいをもったわが子の子育てのありようについて覚悟をすることである。それは親自身の生きかたを問うことにもなる。つまり、親としてその障がいをもった子どもの人生にふさわしい生活環境を整

※1　竹内謙彰は親の障がい受容について「子どもに障害があることを認識し、その事実を受けとめ、恥や劣等感などの否定的な感情を克服し、積極的な価値観と態度を獲得していくこと」としている。（竹内謙彰（2012）「青年～成人期にある高機能自閉症スペクトラム障害の子どもを持つ親の語りから見る特別なニーズと『障害受容』」対人援助学会第4回年次大会〈企画ワークショップ3〉「発達障害を持つ子どもの親の障がい受容プロセスの検討─ナラティブ分析とライフラインメソッド─」）

※2 「ADHD」と診断された子の母親―「原因がわかり、ほっと」6割―と、塩野義製薬調査が発表されたとされている（2017年2月25日朝日新聞朝刊）が、これは多くの調査に共通する傾向である。

※3 発達障がいの診断の目的は「後年の適応障害を作らないこと」に尽きると杉山登志郎はいう。「発達障害という診断を下すことの意味は、特別な配慮をするか否かという判断において、特別な配慮をした方が、後年のより適応的な状況が期待できることを意味する」ことである（杉山登志郎（2007）「ライフサイクルと発達障害」『臨床心理学』7（3））。

※4 本データは、日本保育学会第52大会でのポスター発表のものである。ここからも、障がいをもっていても親の思いとして“自立”が第一の課題であることがうかがわれる（荒木美知子他（2009）「自閉症スペクトラム児の親支援のための調査研究」）。

えるとはどうすることなのかを探っていくことが求められるということである。これまでの価値を捨てることでもある。[※1]肢体不自由やダウン症候群など外見的にもわかりやすい障がいは、ショックを受けつつも障がいを受けいれるのは出生直後である（ショックの度合いは人それぞれである）。それに対していわゆる発達障がいなど見た目だけで判断できない障がいでは、受けいれるハードルはより高くなる。とりわけ、知的遅れの程度が軽く、いわゆる障がいが他児との比較によって気づかれる場合は、出生からの時間経過とともに、子育てのしにくさに加えて他児との違いに気づきはじめつつも受けいれがむずかしい。

しかし、子育ての最中、子どもの行動の意味がわからず子育てに疲弊してしまうとき、障がいからくる行動であることがわかり、自分の子育てのせいではないことにむしろ“ほっとした”という場合もある。[※2]もちろん、その後の育児の大変さがそれによって軽くなるわけではない。それでも対応の仕方がわかったり、障がいに応じたかかわりかたを改めて考えるなど、そのような経緯で障がいを受けいれることもある。専門機関で診断を受けることの大切さの一つがここにある。[※3]

子育てとは、子どもの将来の幸せ、自立に向けて、親自身の人生と重ねあわせておこなわれる営みである。障がいをもっていても親の思いは同じである。障がいの有無にかかわらず、子どもに託す思いは自立である[※4]（図4-1）。障がいゆえに、よりていねいな配慮が必要なのであり、個人差の問題に解消することはできない。そして、このような壁（克服すべき困難さ）に出会うたびに、親は改めてわが子の障がいをより強く自覚させられ、障がいの受けいれ直しをしなくてはいけない。すなわち、障がいの受容とは、親にとって子どもの成長に応じてより具体的に自立に向けて、どのような手だてが必要なのかを考える過程でもある。

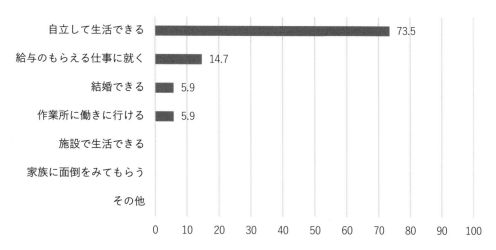

図4-1　子どもの将来についてもっとも希望すること（一つだけ）（N=34）（荒木美知子他、2009）

（2）親が子どもの障がいを受けいれる過程

　障がいのある子どもの親が書いた2冊の著書を手がかりに親が子どもの障がいを受けいれる過程について考えてみよう。

　『障害を持つ息子——息子よ、そのままで、いい——』[※5]の著者は報道記者である。1歳前後からほかの子どもと比較して違いを感じており、2歳で自閉症と診断された。筆者の妻は何とかわが子とのコミュニケーションをとる方法をとの思いからさまざまなとりくみをして、とうとう「お父さん」と筆者を呼んだ。そのように少しずつできることも増えてくるが、あるとき、妻から、かつて第二子出産の育児に疲れて「発作的に殺してしまうかもしれない」と思ったこともあると聞かされ、ショックを受け、それと同時にわが子の問題にふたをしてきたことに気づく。他方で新聞記者としてこの問題にもかかわる過程で少しずつわが子の障がいを受けいれるようになってくる。そして、2016年の障害者入所施設での衝撃的な殺傷事件を目の当たりにして以下のような文をフェイスブックを通じて発信した。

※5　神戸金史（2016）『障がいを持つ息子へ——息子よ、そのままで、いい——』ブックマン社

「障害を持つ息子へ

　私は思うのです。／長男が、もし障害をもっていなければ。／あなたはもっと、普通の生活を送れていたかもしれないと。

　私は考えてしまうのです。／長男が、もし障害を持っていなければ。／私たちはもっと楽にくらしていけたかもしれないと。

　何度も夢を見ました。／「お父さん、朝だよ、起きてよ。／長男が私を揺り起こしに来るのです。／「ほら、障害なんてなかったろ。心配しすぎなんだよ」／夢の中で、私は妻に話しかけます。／そして目が覚めると、いつもの通りの朝なのです。／言葉のしゃべれない長男が、騒いでいます。／なんと言っているのか、私にはわかりません。

　ああ。／またこんな夢を見てしまった。／ああ。／ごめんね。［…］

　そんな朝を何度も過ごして、突然気が付いたのです。［…］

　あなたが生まれたことで、／私たち夫婦は悩み考え、／それまでとは違う人生を生きてきた。／親である私たちでさえ、／あなたが生まれなかったら、今の私たちではないのだね。／ああ、息子よ。／誰もが、健常で生きることはできない。／誰かが、障害を持って生きていかなければならない。

　なぜ、今まで気付かなかったのだろう。［…］

　老いて寝たきりになる人は、たくさんいる。／事故で、唐突に人生を終わる人もいる。／人生の最後は誰も動けなくなる。／誰もが、次第に障害を負いながら生きていくのだね。／息子よ。／あなたが指し示していたのは、私自身のことだった。

　息子よ。／そのままで、いい。／それで、うちの子。／それが、うちの子。／あなたが生まれてきてくれてよかっ

た。／私はそう思っている。／　父より」

　ここに 17 歳になった障がいのある子をもつ父親の苦悩と
それを受けいれていく過程が書かれている。わが子が障がい
をもっているとわかること、それを受けいれる過程はそれほ
ど単純ではない。

　もう 1 冊、『えがおの宝物—進行する病気の娘が教えてく
れた「人生で一番大切なこと」—』^{※6} がある。同書の筆者は第
二子（真心）が生後 5 ヵ月のときに福山型筋ジストロフィー
であることがわかり、彼女の障がいを受けいれ、「今、加藤
家は笑顔であふれています。決して強がっているわけではな
く、実際、私の心は、真心が生まれる前よりも今の方が、断
然楽しいし、幸せです」と思うまでになったその過程が綴ら
れている。なぜそのように思えるのか。「それは、障害のあ
る真心と過ごす毎日のなかで、うれしいときはうれしい、悲
しいときは悲しいと、自分にウソをつかずに生きることが大
切だと気づかされたから。つらいときは思い切り泣いて、楽
しいときは思い切り笑う、自分の心に正直に生きていい。そ
う教えてくれたのは、まぎれもない真心だったのです」。も
ちろん、そう思えるまでには親として、一人の人間としての
生きかたにもたくさんの葛藤を経ている。何より、「なぜわ
が子が!?」と思うと同時に、わが子がそのような障がい児
であることに同情も励ましもほしくない、そんなことばも対
応も拒否し、誰にも会いたくないと引きこもる一時期があっ
た。それが遺伝子による障がいだとわかっても、自分の何か
がいけなかったのだろうと、これまでの生きかたへの否定的
な気持ちも含めて何もかもが後ろ向きになる。そのようなな
かで自分の思いをただただ聞いてくれる人がいた。聞いても
らうことで自分が親として、また一人の人間として今これか
らすべきことは何かがみえてきたと書いている。

　わが子の障がいを受けいれたからといって現実が変わるわ

※6　加藤さくら（2015）
『えがおの宝物—進行す
る病気の娘が教えてくれ
た「人生で一番大切なこ
と」—』光文社

けではない。むしろ、子どもの成長の過程で親としてその時々でしなければいけないことをなかば手探りで考えていかなければならない。多くの場合、障がいを診断した医師や療育などの場での指導者、また同じ障がいをもつ親集団とのかかわりの過程で、時々のアドバイスを受けたり思いを聞きとってもらうことで親は気持ちを整理したり、実際の子どもとの接触の仕方を学んでいく。

　親が障がいを受容するのはこれからの子育ての出発点、子育ての立て直しの開始地点に立ったことを意味する。そして、それはこれまでみてきたように何度も仕切り直しが迫られることもある。つまり、就学前の集団の保障、小中学の就学先、高校はどうする？ その後大学や専門学校ないし就職など、ライフサイクルのどの場面でも、通常の場合、喜びとして迎えられる成長のその一つひとつの節目で親は立ち止まり、子どもにとって最良の進路を決断することが求められる。もちろん、子どもの成長とともに子ども自身の判断にゆだねることもあろうし、子どもの意思を無視することはできないが、障がいゆえの大きな壁がそのつど待ち構えているのである。下図は、そのような親の思いをラインに表したものである※7（図4-2）。障がいの診断時をはじめ、子どもの成長の節目で落ち込むこともあることを表している。

※7　図4-2は、日本発達心理学会第22回大会への発表に向けて作成したライフライン図であるが、発表時のものを改変している（荒木美知子他(2013)「東アジアにおける自閉症スペクトラム児の親のニーズに関する比較研究（5）─中国（蘇州市）における学齢児の親のニーズの分析から─」）。

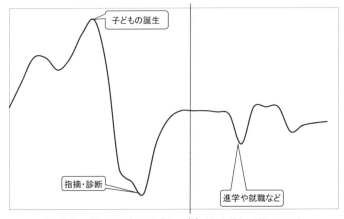

図4-2　親のライフライン一例（荒木美知子他、2013）

それでも、上述の神戸金史氏、加藤さくら氏２人の例にみられるように、障がいをもつがゆえにその子のあるがままを受けいれ、親も子どもの成長に寄り添いながら、親自身の人生をそこに重ねて、より豊かな生きかたを模索している。障がいをもっているがゆえの人間らしい生きかたとは何か、できないことだけをあげるのではなく、できないことができるようになることの喜び、できることを一つひとつ確実に親子共々で乗り越えることの大切さを実感している。障がいを負う人生はいつどこでやってくるかわからない。だからこそ、毎日毎日を精一杯生きることの素晴らしさを実感している。障がいをもった人生にはさまざまなハンディはある。にもかかわらず、障がいをもたなければ気づかなかったものに目を向けることで得られる人間らしさを実感していこうとしているのである。

---

(3) 保育者として“親の障がい受容”にどのような役割を
　　もつのか

　親がわが子の障がいを受けいれる過程において、保育者はどのような役割を受けもつのだろうか。

　まず、乳幼児期に焦点を当てて、親が障がいを受容することの必要性を考えてみよう。幼児は自ら障がいを受けとめて、自分に必要な支援を訴えることなどはできない。自分の状況も認識できないだけではなく、何より困っている状況を客観的にとらえることはもちろん、どうしたらよいのかもわからない。ただ泣いているだけだったり、かんしゃくを起こす、友だちに乱暴するなどの問題行動として表現するしかないこともある。親は子どもによりよい環境を保障するような手だてを考え、必要な対応を考えなければならない。それを訴えて条件を整えるように行政はもちろん、たとえば保育園などに要求することなども必要となる。逆に、わが子の障が

いを認めることができず、その時期に受けるべき適切な保育（ないし療育など）を受けずに、成長してから困難にぶつかり、そのために生きかたに困難を抱えるのは、障がいをもった本人なのである。たとえば、幼児期にその子に適した集団などが用意されて勧奨されても拒否してしまうケースもある。それは親が子どもの障がいを認めないことによる。そのために、学童期以降になって本人がさまざまな困難にぶつかることになったり、障がいからくる困難に対して配慮されるべき時にされず、その年齢でつちかうべき能力をつけることができないまま成長せざるをえないなど、問題を先送りすることで不適応を起こしたり、二次障がいなどをもたらすことになりかねない。そのようなことがないようにするために、親は子どもの立場からその時期に必要な対応をしなければならない。このように、何よりも親の障がい受容という問題は、子どもの立場からこそ重要なのである。

それでは、親の障がい受容という課題に対して、保育者にはどのような役割が求められるのだろう。

まず前提としては、保育において親との信頼関係をしっかり築くことがあげられる。この第一段を踏み外すとその後の対応を誤り、問題をこじらせかねないからだ。

そのうえで保育者の役割の一つとしてあげられなければならないのは、保育のなかで、障がいないし発達の困難さを疑った場合の対応である。すなわち、保育において障がいなどを疑う状況に際して親に専門機関などの受診を勧めることである。もう一つは、日々の保育において子どもの育ちを保障することである。併せてその成長の姿を親と共有することである。

一つ目についていえば、親は迷っていることも多い。障がいの診断を受ける機会を保障することにもなる。二つ目との関係でも、保育において障がいに応じた配慮をしたとりくみをすることができるからである。実際に、障がいへの配慮な

どについてアドバイスを専門家などから受けることも有効である。もちろん、専門的な療育機関によるとりくみが必要な場合もあろう。だがそれだけではなく、日常の保育のとりくみにおいても活かされることもあるからである。他機関との連携により保育をより豊かにすることができるのである。

親の立場からすると、「わが子に限って」と障がいを受けいれることを拒否することはありうるが、それは結局子ども自身の長い成長の過程を考えると、子どもにしわ寄せがくることを保育者は理解しておくべきである。しかし、障がいの診断は絶対的なものではない。現実にはあくまで固辞する場合もありうる。一つ目のことが絶対だとすると親との関係もぎくしゃくしてしまうことにもなりかねない。そのようなケースも含めて、二つ目の役割は大事である。障がいによってその子のもっている力を集団生活において一定の配慮のもとにどう伸ばすかは保育の力量にかかわってくる面もある。また、子どもの成長の姿から親自身が問題を受けとめることもありうる。そのようにならなくても、保育のなかでていねいなかかわりによる子どもの育ちを親と確かめつつ、次の課題を共有するなどの手だてをとることは保育の基本的な役割である。

最後に、幼児期のとりくみから明らかになってきたことを可能な限り、就学先に伝えること（「移行支援」という）を親とともに確認しつつ、欠かさないことを指摘しておきたい。もちろん、保育園などと学校生活とは大きく異なることも多い。子どもが幼児期につちかった力を学童期以降にしっかり踏み固められるようにする"みちすじ"をつけることが保育者の最後の役割となろう。

親がわが子の障がいを受けいれるというのは、自分の子育てのありかたの問い直しを迫られることと同時に自分の生きかたの問い直しでもある。そのことへのエネルギーは膨大なものとなる。だからこそ、その作業に伴走する人が必要にも

なる。保育者がその一翼を担うことを求められることもある。逆に担当だからと一人で背負うべきだということではない。保育者集団はもちろん、関係機関と連携を図る役割を担うことで互いによりよい関係を創ることが可能である。同時にそれは、保育者自身の保育のありかたへの問い直しの機会でもありうることを考えると、そのような機会は決して保育者の過大な負担だけを求めるものではないだろう。子どもを真ん中にお互いの成長を確かめあうことこそ大事なのである。なお、関係機関については第3章に詳しい。

2 ─── 障がい児のいる家族の成長

「自閉症児を持つ親として〔…〕自分の子どもが障害児だと受け止められているかというと、自信がないんです。うまく言えませんがいろいろあがいてみたけれども、『観念した』というところでしょうか。その子の抱える障害が治らないと言われた時、家族はその子とその状況に一生向き合って付き合うことなんですね。〔…〕先立つのは親ですから、どんな形でも人に迷惑をかけないで明るく自活していけるようになってほしいと思っています」[8]

※8　荒木穂積・河野望・井上洋平（2005）『対人関係に難しさのある子どもの発達の可能性と教育プログラム開発の試み』立命館大学人間科学研究所

筆者は、学生のころに出会った、自閉症スペクトラム症の子どもとその家族から多くのことを教わった。「子どもが安心してあそべる場をつくりたい。同じ立場にある親たちと交流できる場をつくりたい」という親たちのねがいから、療育・教育と親の会活動をおこなうこととなった。冒頭の文章は、立ちあげからかかわっていた母親から聴かれたことばである。葛藤しながらも、障がいと向き合っている。支援者として家族のことばに耳を傾け、子どもと家族のねがいや悩みに寄り添うことが大事であると痛感する。

（1）障がい児のいる家族の成長

　人に誕生から死に至るまで個人のライフサイクルがあるように、家族にもファミリー・ライフサイクルがある。多くの家族は、新しい家族の成立、子どもの誕生、親の介護、家族の死といった共通して解決していかなくてはならない発達的危機に直面する。加えて、災害や事故、社会的な変動による倒産や失業、離婚など、あらかじめ予測できないような状況的危機に直面することもある。そのつど家族の変化や家族メンバーの変化への対応や成長が求められる。

　とりわけ障がい児のいる家族は、障がいの発覚という状況的危機にも直面することになる。主に、障がいがあると告げられるとき、就学するとき、思春期を迎えるとき、仕事に就くとき、親の老齢化・親亡きあとが、危機的な時期であるといわれている。家族はこれらの危機に対して、変化、対応しようとするが、特定の家族メンバーの負担が大きく、葛藤が解消されることなく危機に陥る場合がある。それに対して、夫婦やきょうだいを含む家族間の緊密な協力関係が築かれ、家族の結束が高まり、家族メンバーの成長をうながすようなポジティブな影響もみられる。ある母親たちはこの危機を「家族のみんなが試されるきっかけ」であるとポジティブに表現している（ぽれぽれくらぶ、1995）[※9]。

　障がい児のいる家族を構成する母親、父親、きょうだいなどもまた、個人の発達課題と家族の発達課題にとり組んでいるのである。以下では、障がい児のいる家族の手記から、家族メンバー各々と家族全体が葛藤しながら受容し、成長していく過程をみていく。

①母親

　「『そんなにがんばらなくてもいいんだよ。子どもと向き合ってるばかりがいいわけじゃない。どんなに重いしょう

※9　ぽれぽれくらぶ（1995）『今どき、しょうがい児の母親物語』ぶどう社

がいを持っている子でも必ず外の世界を感じているんだから、それを後ろから声をかけながら一緒に見てあげればいいんだよ』／私はそれを聞いて、ふ〜っと肩から力が抜けていきました[*9]」

　乳幼児のいる母親は、障がいの有無にかかわらず、子育てに対する負担が大きい。子どもの発達的変化に戸惑い、子どもの育てかたや将来に不安を抱きやすいのである。さらに、障がいがあることによって、母親の身体的・精神的な疲労が高まれば、それに上積みされる負担が大きくなる。障がい児のいる母親は、子育てに対する負担だけでなく、社会的圧迫や孤立などの心理的ストレスも経験している。

　障がい児のいる家族、特に母親には、子どもにとってもっとも身近な「理解者」や「支援者」としての役割が期待される。「お母さん、大変だけどがんばってね。しょうがい児の発達はお母さんの接し方次第なんですから[*9]」と、療育の担い手は母親だという重圧のなかで、母親は家庭でも一生懸命がんばる。しかし、なかなか思うように反応してくれないことに疲れ、自分が怠けているせいだと落ち込み、また奮起するが結局同じだという悪循環に陥ることもある。障がいのない場合もそうであるが、家族のなかで、しかも母親１人で何とかしようとすると限界がある。

　葛藤や困難のなかで、母親が気持ちを立て直すきっかけになることとして、夫（父親）の存在、子どもの成長と行動の変化、子どものことを理解してくれる人（保育者など）の存在、同じ立場にある親の存在（親の会）、障がいの知識やかかわりかたに関する情報の取得、親役割から離れる時間の確保などがあげられる。なかでも、悩み、喜び、情報などを共有できる障がい児のいる母親の存在は大きい。母親同士の語らいのなかで、しだいに「障がい児の親」の呪縛を解き放ち、「障がい児中心の家族」から「障がい児もいる家族」へ意識が変化し、子どもの将来だけではなく母親自身の生きか

たを考えるようにもなる。

　ある母親は、知的障がいのある息子（夢友）との歩みをふり返り、以下のように記している（野田、2017）[※10]。ここに葛藤と受容の過程が読みとれる。わが子の障がいを受けいれてからも、ライフサイクルの一つひとつの節目で悩みつつも選択し、葛藤をくり返しながら子どもとともに成長する母親の姿がみられる。

※10　野田弘美（2017）「この子と歩む　第313回　大きな営みの流れの中にあるわが子の明日」『みんなのねがい』608号

　「はじめは障害児の親になってしまった自分がかわいそうで泣いた。でも私の働きかけに無垢な笑顔をみせる夢友が限りなくいとおしいと思ったとき、今までとは違う涙が溢れた。何の罪もない夢友にふりかかった運命が恨めしく、その人生の生きづらさを思うと、夢友がかわいそうでたまらなくなって泣いた。あのとき私はやっと夢友の親になれた。同時に、この世に生まれてきてよかったと思えるように、夫婦二人でこの子を絶対に幸せにしてあげようねと誓った。／それからは気持ちをきりかえて、精力的に動き出した。〔…〕世の中捨てたもんじゃないと思えるたくさんのいい出会いにも恵まれた。／療育施設、地域の幼稚園、小学校（特殊学級）へ通い、夢友は成長していった。〔…〕夢友を受けいれてくれるところがあるのか…高等部卒業後の進路は切実だった。〔…〕その後晴れてみぬまの仲間になれた入所式は感激だった。〔…〕／息子を目の前にして問うてみる、『この子は今幸せなのだろうか』『将来幸せに暮らしていけるのだろうか』と。『大丈夫！きっと大丈夫だよ。今も毎日元気に工房に通っているし、大事にしてもらっているじゃない。この後もきっとみぬまの入所施設で大事にされて暮らしていけるよ』と答える自分がいる。／そう信じられるようになったことがうれしい。そうなのだ、結局私の望みは重い知的障害のある息子が、優しい人たちに囲まれて笑顔で暮らしてほしいということ。それに尽きる」

②父親

「いざ生まれてきた赤ちゃんの姿を見るなり動揺してしまい、自分を見失ってしまっていた。『なんでなんや？』、『夢をみているんと違うやろうか？』と信じがたい現実を受けいれようとしていなかった。生まれてからしばらく夜一人で泣いていた。しかし、妻の前では平静を装い、とにかく妻だけは元気になってほしいと願っていた。／〔…〕望は、私の思いを見抜いているかのように怖いくらいの強さで『私は生きるわよ。私はこんなにがんばっているのだから、お父さん早く立ち直ってよ！』と情けない父親を叱り励ましてくれていたに違いない。幾度となく危機を乗り越え育ってきた望であるが、それと同時に親の心を育ててくれていたのだと思う[11]」

※11　野辺明子・加部一彦・横尾京子（1999）『障害をもつ子どもを産むということ─ 19人の体験─』中央法規

上記の、四肢全欠損などの障がいのある娘（望）の父親の手記は、出生後すぐにわが子に障がいがあると告げられ動転してしまい、現実を受けとめられないのは母親だけでなく父親も同じであることを示している。出生後すぐに障がいがわかる場合、まず父親に障がいがあると突然告げられることが多いため、妻の前では平静を装おうとするが、なかなか平静でいられない自分を情けなく思う父親もいる。この父親だけでなくほかの父親の手記にも「情けない」ということばが幾度も出てくる。子どもの現実を受けとめられなかった情けなさ、妻を励まし支えてやれなかった情けなさなどから出たことばである。しかし、あのときは情けなかったなとふり返る父親たちも、幾度となく危機を乗り越え育ってきた子どもの成長を実感することで、少しずつ立ち直っていく。また、親の会で、同じ立場の父親と話をするなかで癒される。わが子の障がいを受けいれ、父親として成長していくなかで、「逆に新しい情けないお父さんを励ます側になっている」との記述もみられる。

　他方で、自閉症スペクトラム、ADHD、LDなど育ちの過

程で障がいがわかる場合には、母親は子どもの障がいに気づいていても、父親は理解が遅れることも多い。ある父親は、息子の１歳６ヵ月児健康診査で「指差しができず、簡単なことばが出ない」と言われても、「個人差もあるので関係ない」「妻から日常生活の様子を聞いていたが、妻はちょっと大げさに言っているのかな」と、かなり安易な考えでいたとふり返っている（町田おやじの会、2004）[※12]。息子が３歳のときに診断され、「なんで俺の子が……」とやり場のない思いと悲しみでいっぱいになる。そのあとから、意見の違いで妻とケンカすることも多くなり、家族の歯車が少しずつずれてきているような気もしたが、そんなときに妻が言った「私たちのかけがえのない子なんだから」ということばで、「フンギリがついた」という。障がいについてまったく知らなかった父親は、いろいろな本を読み、一番辛いのは子どもだということを理解するようになる。そのようにして、「これから先、就学にあたり多くの壁（試練）にぶち当たり、悩むと思うが、一歩一歩、家族みんなで進んで行きたい」と、障がいを受けいれていく。

　わが子に障がいがあるとわかってから、あるいは、障がいを受けいれるようになってから変化したこととして、夫婦で話し合う機会が増えた、きょうだいの前では暗い会話や表情をしないよう夫婦とも気遣うように努めた、家事・育児に対する夫婦の協力度が高まった、仕事・家庭バランスの価値観や人生、幸せの価値観が変化したことなどがあげられる（アスペ・エルデの会、2016）[※13]。父親たちも、子どもの障がいや家庭と仕事との狭間で戸惑い、葛藤しながら、親・職業人としての役割を模索している。戸惑いや葛藤を抱えている時期に、妻や職場の仲間には話せない悩みや子どもの障がいのことなど心の中にしまいこんでいたことを父親同士で語り合い、癒されていく。障がい児のいる父親という共通点があることで率直に話せる「父親の会」の存在は大きい。

※12　町田おやじの会（2004）『「障害児なんだ、うちの子」って言えた、おやじたち』ぶどう社

※13　アスペ・エルデの会（2016）『発達障害のある子の父親ストーリー―立場やキャリア、生き方の異なる14人の男性が担った父親の役割・かかわり―』明治図書

③きょうだい

　「正直、兄が障害を持っていることを学校で話すのがい
やだった。兄弟の話題になると『自分の兄だけが…』と思
う毎日だった。／初めて会う人が、兄に障害があることを
知り、『大変だね、頑張ってね』と言うのがいやだった。
私も、話せて喧嘩ができる普通のお兄ちゃんがほしかった
と何度も思った。当時、両親には絶対に言えなかった私の
幼い頃の悩みだった。一人で兄との接し方に本当に悩んだ
ことは今でも忘れられない。／そんな思いをずっと持って
いた。／しかしある時、私の小さな悩みは解決した。／そ
れは、小学四年生の頃だったか、兄が通っている習い事に
ついて行った時だ。そこには兄以外の障害を持つ人がたく
さんいた。〔…〕／そこで、私はとても楽しんでいた。／
『障害を持っているかは関係ない。自分の兄は一人だけだ』
／当たり前のことにようやく気が付いた。／〔…〕障害を
持っていようがいまいが、私の兄ということにかわりはな
い。これからも兄と共に楽しんでいきたいと心から思って
いる。／私の幼い頃の悩みは、今多くの人たちが思ってい
ることだと思う。／しかし、考えてみてほしい。／高校一
年生になったばかりの私が、障害を持つ人と分かりあえて
いるのだから、皆さんも絶対にできる。障害を持つ人が暮
らしやすい世の中に。／これが私の今の願いだ[14]」

※14　前掲書5

　自閉症という障がいのある兄とともに育ってきたことを
16歳になる弟がどのように受けとめてきたのか、両親には
言えなかった「ずっと我慢していた小さいときの気持ち」が
書かれている。葛藤を乗り越え、障がいのある兄とともに
育ったことを肯定するようになった過程がみられる。

　ここにあるように、障がい児のきょうだいは、悩みを抱え
ていても、我慢をしていても、親には言えない、言わないこ
とが多い。親を困らせることがわかっているからである。手
のかからない「良い子」を無意識に演じてしまう。一方で、

親の愛情を確認しようと「静かな問題行動（不登園・不登校、神経症状など）」を示すこともある。

障がい児のきょうだいに対して支援や配慮の必要性が指摘され始めたのは、1990年後半ごろからである。1970〜80年代は、日本での障がい児教育・療育において画期的な時期であるが、家族の幸せを犠牲にした側面もあると広川（2012）[※15]は指摘する。熱心な親ほど、障がいのある子どもの療育を最優先するという事態もあった。療育機関においても、当時はきょうだいを含む家族支援といった観点はなく、親を共同治療者として「教育」することに強い関心が向けられていた。そのようななかで、きょうだいは時に親の代わりとなるような役割を求められ、年齢以上の忍耐や努力が強いられていたことが、この世代のきょうだいたちから語られるようになった。

全国で「きょうだいの会」が結成され、今まで誰にも言えなかった思いを自然に話せるようになったきょうだいが多い（全国障害者とともに歩む兄弟姉妹の会、1996）[※16]。きょうだいは、セルフヘルプ・グループである「きょうだいの会」[※17]では、自身の子ども時代をふり返り、悩みや不満を打ち明け、安心感を得て、孤立感から解放される。さらに、自分たちより若い世代のきょうだいたちへの支援をおこなうような動きもみられるようになってきた。

「障がいがあってもあたりまえの暮らしがしたい」と障がいのある人がねがうのと同様、「障がいのあるきょうだいをもってもあたりまえの暮らしがしたい」ときょうだいはねがっている。きょうだいは親亡きあと、きょうだいそれぞれが自分の道を歩んで、親代わりではなくお互いに精神的に支えあうという役割がとれる社会の実現が望まれると、長年発達相談に携わってきた両角（2003）[※18]は強調する。

※15 広川律子（2012）「障害児のきょうだい問題とその支援 問題顕在化の背景および研究、文学作品、支援システムにみる歩み」『障害者問題研究』40巻、3号、2-9.

※16 全国障害者とともに歩む兄弟姉妹の会（1996）『きょうだいは親にはなれない…けれど　ともに生きる PART2』ぶどう社

※17 病気や障がい、問題等を抱えた人やその家族（親、きょうだい等）が、悩み等をわかち合ったり、つながることで安心感を得たり、問題を乗り越えようとすることを目的に集まる自助グループのこと。

※18 両角正子（2003）「障害乳幼児をもつ親への子育て支援―きょうだいの問題について―」『立命館人間科学研究』5号、225-235.

④家族全体

　「今まで言い争いだった会話が博の訴えているものは何かをわかってやりたいという内容に変わったことで、いつのまにかお互いが励まし合う夫婦としての基盤ができてきました[19]」

　障がいがあると告げられるときや、就学するときなどに、夫婦で受けとめかたや意見が違い、夫婦間に強い葛藤が生ずることもある。上記の家族に変化がみられたきっかけは、専門家の計らいもあり、父親が3歳児健康診査で「自閉症」と告げられた息子（博）といっしょに療育を受けるようになったことである。障がいがあることを認めようとしなかった父親だったが、2人で行動するようになってから、わが子の障がいを理解したいと思い、母親と息子や姉のことを話しあうようになる。

　葛藤や困難に直面したときに、家族メンバーが意識を変える努力をすることや、夫婦、親子、きょうだい、そして家族全体の関係性や家族メンバーの役割を問い直すことで、危機的な状況から脱していく。この過程で、夫婦はよく話しあい、励ましあいながら、家族メンバーの結合を強めていく。

　また、母親の負担が大きいと、きょうだいに我慢を強いてしまうことも増える。母親と障がい児、父親ときょうだいという組み合わせが多いのであれば、時にはきょうだいと母親だけで出かけるなど、「きょうだいタイム」をつくることも大切である（両角、2003）[20]。さらに、障がい児のいる家族があたりまえの生活ができるような制度的な保障が求められる。たとえば、障がい児を預かってくれるレスパイトサービス[21]を気軽に利用できれば、きょうだいは親との時間をもち、存分に甘えることもできる。そうすることで、障がい児に対するきょうだいのかかわりかたにもよい影響をもたらすのではないだろうか。

※19　深見憲（1999）『ひろしくんの本』中川書店

※20　前掲書18

※21　障がい児者や介護を要する高齢者の、預かり、送迎・移送、ショートステイ等のサービスのこと。家族の負担を軽くするために、個人、保護者・親の会、社会福祉法人等により行なわれている。

　障がい児のいる家族の手記に、保健師、保育者、親の会が
よく登場する。以下では、保健師、保育者、親の会をとりあ
げ、子どもや家族のことを理解してもらえて嬉しかった場
合、何気ないことばに傷ついた場合など、手記からそれぞれ
の役割について考察する。

①保健師

　多くの家族と保健師との出会いは、新生児訪問や保健セン
ターでの乳幼児健康診査であろう。そのころ、主に母親は、
授乳や夜泣きなど子育てにおいてさまざまな心配ごとを抱え
ている。また、新生児期は外出もままならず、1人で抱えこ
みやすい。そういった時期に、新生児訪問や乳幼児健康診査
で出会う保健師には、些細な心配ごとを相談でき、何か子育
ての情報を得ることができたらと期待する。

　出生後すぐに障がいがわかる場合、療育に関する適切な説
明や情報提供をほとんど受けないまま子育てが始まる親も多
い。療育センターが近くにない地域では、保健師が家庭訪問
し、地域の療育や仲間づくりの情報などを提供することが求
められている。だが、親が期待していた情報は得られず、逆
に何気ない一言に傷つくという話が、親の手記の中に何度か
出てくる（野辺・加部・横尾、1999）[22]。

　他方、自閉症スペクトラム、ADHD、LD など育ちの過程
で障がいがわかる場合、親が子どもの障がいに気づいてから
診断まで時間がかかることも多い。不安を抱えている親に
とって、「大丈夫」「しばらく様子をみましょう」は残酷なこ
とばともなりうる。健康診査など1対1では気づきにくい
が、集団活動では具合が悪い場合もある。親の訴えをよく聴
き、集団を保障しながら見極めることが大切になってくる。

※ 22　野辺明子・加部一
彦・横尾京子・藤井和子
（2008）『障害をもつ子ど
もが育つということ―10
家族の体験―』中央法規

親の必死な思いを受けとめる。そのためには、聴きたいことが聴ける雰囲気をつくることが保健師にも求められているのではないだろうか。

②保育者

※23　前掲書22

「先生方は子どものよいところを見つけ出すプロだ。生まれる前からマイナス点ばかり言われ続けてきた親にとっても、プラスなことを言ってもらえるのは癒しになる[23]」

保育者は、子どもの成長を見守ってくれる存在であり、さらに、子どもが少しずついろいろなことができるようになっていると親を励ましてくれる存在であることがわかる。集団生活の機会は、ほかの子どもの姿を目の当たりにして、わが子との違いがはっきりしてくる機会でもある。子どもだけでなく、親もまた、新しい環境に適応しなければならない。親のなかには、障がい特性によって生ずる子どもの行動の理由と対応がわからず、子育ての自信をなくしている場合もある。保育者は、すでに一生懸命である親に対してさらにがんばるよう励ますよりも、親のねがいや悩みに耳を傾け、寄り添い、ともに歩む姿勢を大切にすることが肝要になる。

保育者が子どもの行動の裏にあるねがいや悩みに寄り添い、信頼関係をつくっていくなかで、園が徐々に子どもにとって安心できる場になり、遊びの様子などにも変化がみられてくる。保育者は小さな変化や成長を大きな喜びをもって親に伝える。親はそのような保育者の姿にあと押しされ、わが子の成長を実感し、子育てに希望をもつ。

たとえば、連絡帳のやりとりは、親と保育者が子どもの育ちや抱える困難さ、親としての悩みなどを共有する大切な機会となる。日々の発見やエピソード、子どもとのかかわりかたの工夫や手だてなど、保育者がわかりやすく伝えることで、親は安心して子どもと向きあうことができる。

なお、保育園や幼稚園などに入園してから、子どもの障が

いが疑われる場合もある。その場合の保育者の役割については、第4章1節を参照してほしい。

③親の会

　「園に対して［…］配慮を自ら求め、また園は期待それ以上の細やかな配慮をほどこして下さるにもかかわらず、入園当初は我が子の姿がいかに普通の子どもたちと違うのかを見せつけられ、配慮を求めながら配慮してもらっている姿を見てやっぱり違うんだ…と孤独感を味わうという理屈では説明できない気持ちがありました。［…］私の理屈に合わない気持ちを話し、共感し理解してくれるお母さんたちがいてくれ、救われたと思っています。これからも親の会が傷をなめ合うだけの場ではなく、時には支え合い、分かち合い、知恵を出し合う場であってほしい」[24]

　親の会[25]は、同じ立場にある障がい児のいる親だからこそ、普段は人に話せない思い（悩みや喜びなど）や、情報（地域情報や障がいの知識など）を共有することができる。仲間がいることの安心感は、障がい児を育てていくうえで大きな励みともなる。さらに、親の会でのとりくみをとおして、親たちはわが子の今のことだけでなく、みんなの将来も見通した問題へと視野を広げるようになる。状況をよりよくしていくために、社会参加の主体として、協同して行動する親へと育ちあっていく過程がみられる。

　障がい児のいる家族（親、きょうだいなど）の多くは、長期的な視点でみると、一つひとつのライフサイクルにおいて危機に直面し、葛藤しながら障がいを受容し、成長する。乳幼児期は、障がいがわかり、家族がもっとも危機に直面している時期でもある。この時期に障がい児とその家族にかかわる保育者として、どのようなことばかけや寄り添いかたができるかを具体的に事例をとおして考察してきた。

※24　前掲書8

※25　療育教室等の保護者会を初め、地域、全国規模で、障がい児のいる親のための自助グループがつくられ、活動を行なっている。障がい児のいる父親だけの集まり「父親の会」もある。

2013年4月から妊婦の血液サンプルからダウン症などの染色体異常を調べることができる「新型出生前診断」が始まった。この検査は、ダウン症を含む3つの染色体異常を調べる検査で、高齢妊娠などを理由に開始後3年間で3万人余りの妊婦が検査を受け、その1.8％、500人余りが可能性ありとの判定を受け、確定診断に進んだ400人近くの胎児で染色体異常が確定し、その94％が人工妊娠中絶を選択したと報道された（2016/7/17）。

　染色体異常は、妊婦の出産年齢があがるとその確率が上昇する。特に35歳以上の妊娠では20歳代の5倍を超えるようになるため、35歳以上での出産割合の増加に伴い2009年以降毎年ダウン症の発症率が増加していた。しかし、2013年は前年の10万出生あたり17.8から15.7と減少に転じた。新型出生前診断の影響が考えられ、今後の動向に注目する必要がある。

　現行の母体保護法では、妊娠21週末までの人工妊娠中絶は可能とされるが、その要件は以下の二つのみである。一つは「妊娠の継続又は分娩が身体的又は経済的理由により母体の健康を著しく害するおそれのある」場合、もう一つは「暴行若しくは脅迫によって（中略）妊娠した」場合である。胎児に染色体異常があることを理由とした中絶は法的には認められていない。しかし「経済的理由」という曖昧な表現を根拠に、出生前診断に基づく中絶は選択されている。一方、胎児の染色体異常を理由に中絶を認めている国もある。たとえばフランスでは妊娠後期の中絶を容認し、妊娠28週以降の中絶を含む死産は妊娠全体の1％（多くの先進国では0.2～0.3％）を超えている。

　ダウン症の多くは知的障がいをもち、心疾患や消化器疾患、難聴や白内障などに罹患する確率が高くなる。それは不幸だから生まれない方がいいという考えかたがある。しかし、ダウン症とともに生きることは不幸なのだろうか。もし社会が、ダウン症は生まれるべきでないとの前提に立つなら、こうした障がいや疾患をもつ人たちの生きる権利が奪われるということになりかねない。誰もが人生の最後までのどこかで障がいや疾患を経験する以上、問題の本質はダウン症に留まらない。

ダウン症をもつ書道家、金澤翔子さんは有名だが、豊かな人生をおくるダウン症の人たちは大勢いる。一方で、障がいによって社会から阻まれる彼ら（私たち）の経験は余りに多い。ダウン症の人たち、障がいや疾患をもつ人たちが豊かに生きられる社会を築くことが、先進技術の導入より何より、まず重要である。

Column 6　きょうだいの支援と課題

　障がい児のきょうだいについては、不登校・不登園や神経症状など目立たない形の問題行動が生じやすいといった指摘や障がい児のきょうだいに特有の心理的傾向の指摘がある[※1]。しかし、一口に「きょうだいの支援」といっても、課題は一つひとつの家族ごとに異なっており、さまざまな要因がかかわっている。ここでは、それらの要因のうち、「きょうだいの発達の時期[※2]」に焦点を当ててみたい。

　一般的にいって、幼児期も4歳を過ぎるころには、相手からの評価に敏感になりやすくなる。実生活においては、親の要請がなくとも自ら役割を果たすことで評価されて達成動機を高めていく。他方で、過大な役割を引き受けてしまうことがあり、また、自分の努力を正当に認めてもらえないときには強い不満や葛藤を生ずることもある。幼児期を中心とした比較的低年齢のきょうだいへの支援のとりくみとしては、たとえば、感情が揺さぶられる経験を保障することで自分の感情を素直に表現できる機会とすることや、豊かな応答関係を保障することで自分の気持ちが受けとめられる見通しをもつことなどが期待される。小学生以上になってくれば、ほかのきょうだいとの出会いの機会を設けることが有効だとの指摘がある。ほかのきょうだいの思いを知ることで、こんなことで悩んでいるのは自分だけじゃないのだということを知り、苦悩を緩和することにつながるだろう。さらに、ほかのきょうだいの言動からロールモデルを得ることなども期待される。

　9、10歳を超えると、子どもはそれまでの自己中心的な思考から脱して、相

互的な関係の理解ができるようになって友人関係が広がり、自己客観視も可能になってくる。これは発達的に新たな質が生まれてきたことになるのだが、他方で危機も生ずる。たとえば、自分の置かれた状況への気づきが、自分を異質な存在として感じさせることになり、友人に対して、家族に障がい児がいることを隠そうとしたりする。思春期にさしかかると友人関係はさらに深化し、いっしょに好きな活動ができる関係から、より内面的な思いを表現し共感し合える関係へと変化する。また、この時期には第三者との出会いも重要である。障がい児のきょうだいたちが抱える、障がい児者に対するアンビバレントな思いは、親や教師には話しづらい。第三者と出会い、関係が継続することで、そうした思いも少しずつ話せるようになってくることが期待される。

※1　広川律子（2012）「障害児のきょうだい問題とその支援—問題顕在化の背景および研究、文学作品、支援システムにみる歩み」『障害者問題研究』40 巻、3 号、全国障害者問題研究会出版部
※2　戸田竜也（2012）「障害児のきょうだいの生涯発達とその支援」『障害者問題研究』40 巻、3 号、全国障害者問題研究会出版部

インクルーシブな保育や教育を実現する

　保育園・幼稚園では、障がいのある子と健常児が一緒にあそび、食事、午睡、行事といった生活を共にする。障がいのある子は、特別支援の下にさまざまな刺激を受けて発達がうながされることが期待される。また、健常児たちは、障がいのある子との交流のなかで、多様性への理解や思いやりをはぐくむであろうと期待される。

　一方で保育園生活のなかで場合によっては、保育者が障がいのある子の対応に追われ、クラスの活動が十分に保障できない、障がいのある子への特別支援が十分にできない、仲間外れにされる、などさまざまな矛盾や不十分さも起こりうる。すべての子どもが「共に育つ」インクルーシブな保育や教育を実現するためにはどのようなことが必要だろうか。

1 ── 障がいのある子どもの理解とインクルーシブな保育

　保育園や幼稚園では障がいのある子どもは、障がいのない子どもと一緒に生活する。第1章で学んだように障がいのある子どもが排除されることなくクラスの一員として認められ、周囲の子どもたちと「共に育つ」インクルーシブな保育を展開するためには、どのようなことが必要だろうか。

■事例㉖

　3歳児クラスに入園したマサトくんは知的障がいを伴う自閉症スペクトラムと診断されている。発達段階は1歳ころと言われており、意味のあることばはまだ見られない。入園したころのマサトくんは保育室から飛び出して、事務所、ホール、給食室、赤ちゃんクラスに入っていった。担任のアオキ先生は、マサトくんをクラスに連れ戻すかどうか悩んでいたが、職員会議で相談し、今は加配のミナミ先生が見守りながら、1歳児クラスの果物のおもちゃを箱から出したり入れたりすることを

図 5-1　おもちゃを箱から出しているマサトくん

楽しんだり、事務所でボールペンを貸してもらってお絵かきしたり、マサトくんの
好きな活動にじっくりつきあうことになった（図5-1）。

（1）障がいのある子どもにとっての保育園での生活

　保育園には所属クラスだけでなく、ほかの年齢のクラスや
給食室、事務所など多様な場がある。0歳から5歳の子ども
のそれぞれの発達に即した遊びができる環境があるため、障
がいのある子どもの発達に合った活動の場所を見つけていけ
る。また、保育園は毎日の繰り返しのなかで、生活のリズム
を整え、楽しい遊びと交わりを保障し、健康的な生活を築く
場となるよう工夫されている。

　保育園の生活の主体は子どもであり、その中心となるのは
遊びである。保育園では遊びをとおしてさまざまな活動に
とりくむ。行事や課業的な活動も遊び活動としてとりくむこと
もあり、自由遊びとして子どもたちが思いおもいに遊ぶとき
もある。子どもたちは楽しい遊びのなかで、体力や認識を育
て、他者と交わり成長・発達していく。障がいのある子ども
にとってもそれは同じである。

（2）障がいのある子どもの発達を保障する

■事例㉗

　マサトくんのお母さんは、マサトくんがクラスの活動に参加せず、3歳児なのに1歳児クラスで遊んでいる姿を見てショックを受けた。アオキ先生に「どうしてクラスに連れ戻してくれないんですか？」「同じ年齢の子たちとかかわらないと発達が伸びないのでは？」と不安を訴え、話しあいをすることになった。

　アオキ先生はマサトくんのお母さんに、まずはマサトくんが興味を持てて楽しめる活動のなかで「保育園って楽しいな」と感じ保育者との信頼関係を築くことを大切にしたい、そして3歳児クラスにも彼の居場所ができるように給食と朝の会の楽しい時間をクラスの友だちと共有していること、マサトくんの好きな活動や興味のあるものをつかんでクラスの活動のなかにマサトくんが一緒に楽しめる活動を取り入れようと思っていることなどを話した。

　「せっかく保育園に入園したんだから」と健常児と一緒にいることだけを重視したのでは、障がい児の発達に必要な活動が保障されない。ヴィゴツキーは「明日の発達水準」に働きかけることの重要性を説いている[1]。特に障がいのある子どもにとって「明日の発達水準」—ちょっとがんばったらできそうと感じられる、発達の一歩前を行く活動—と、今の力でもできる「今日の発達水準」の両方が十分保障されているかに配慮する必要がある。

　一方で、「障がいがあるからみんなと活動できなくても仕方ない」と保育者と1対1の関係に終始したのでは、集団保育の持つ力を生かせない。一人ひとりを大切にしながら、子ども同士のかかわりのなかで育つ保育園や幼稚園の特性を大切にしたい。

　白石（1994）は子どもにとって必要な3つの関係として「憧れの関係」「張り合う関係」「導き手となる関係」をあげている[2]。保育園では同年齢の子どもだけでなく、年上の子ど

※1　ヴィゴツキー，L. S.（2002）『新児童心理学講義』新読書社

※2　白石正久（1994）『発達の扉　上—子どもの発達の道ちすじ—』かもがわ出版

もや赤ちゃんとの関係を通してこれらの関係が保障される場となっている。そしてそれは障がいのある子どもにとっても同じである。子ども自身が「やってみたい」と意欲を持ち、安心できる人間関係のなかで手ごたえを感じながらとりくむことが、その子どもの発達を推し進めていく力となる。

　障がいのある子どもの保育では、障害と発達に応じた支援＝特別支援が求められ、その子どもに応じた個人カリキュラムを作り、保育する。その際にはクラス集団とのかかわりについても配慮して保育計画を立てる（4項を参照）。そして、それらの意味と見通しを保護者にも丁寧に伝えていくことが必要である。

> ### （3）子どもの障がい理解に応じた集団づくり

　障がいのない子どもとある子どもがともに過ごすなかで「自然なふれあい」「偏見のないかかわり」が育つ、と言われるが、それは自然発生的に生じるものではない。どんな生活・活動を共にするのかが大切で、かかわりが育つような環境設定や保育内容を工夫することも含めて保育者の意図的な働きかけが必要である。

　子どもにとっての障がい理解は年齢によって異なる。発達段階に応じて関係性の築き方が変化していくことを理解してその時期に応じた関係性を築く。

　3歳ごろはあまり違いを意識せず、一緒に楽しい活動を共有する保育のなかで仲間意識が育ち、障がい児のことを「ちょっと違うけどみんなと一緒の友だち」として、時には世話をやき、共感して遊ぶ。障がい児を保育者がおんぶしたりすると自分たちも甘えてくるが、障がい児のことを肯定的に丁寧に話せば納得する。

　4歳ころになると障がいのある子と自分の違いに気づき、気になりだす。「あの子だけずるい・なんで？」と言ったり、

障がい児を赤ちゃん扱いしたり、時に「怖い」「いや」となることもある。「そんなこと言ってはダメ」と、頭ごなしに保育者の思いを押し付けるのではなく、子どもたち自身が対等な関係を築けるような援助をしていくことが大切である。子どもたちは介助や援助をしながらともに生活することを通して、理解し、時にはぶつかったりすることで対等な関係が育つ。「あの子だけずるい」というのは「自分も大切にされたい」とのねがいかもしれない。その子の気持ちをしっかり聴くことが大切であろう。パニックや暴言など障がい児の言動によって不安な思いをした子には、その気持ちをきちんと受け止めることも重要である。また、みんなと同じようにできないことに対しては、理由をわかるように説明したり、「今はできないけれど、こうなってほしいね」「○○ちゃんもみんなとできるようになりたいんだよ」と将来への見通しを語ることも必要である。

　5歳ころになると、「違うけど同じ」「違いを認めつつ尊重する」力が育つ。障がいのある子が前にはできなかったことができるようになったことを発見し、「中身は違うけど、自分と同じ」と自分との違いを認識したうえで、その子の変化や成長を見つけることができるようになる。その積み重ねのなかで障がい児に対し、必要なフォローをしながら、できることは要求し、できたことを喜び、頑張っていることを認められるようになる。障がいのある子がなぜそういう行動をとるのか、どんな気持ちでいるのか、クラスの一員としてどうかかわるのか、子ども同士で考えあい、話しあうこともできるようになってくる。そのような関係性を築くうえでも保育者が障がい児の行動の意味を子どもたちに理解できるように伝え、どうすればよいのか考えていけるよう投げかけていくことも大切である。

　どの年齢の子どもも、保育者の障がい児に接する姿を見てその関わり方を学んでいく。そのため、保育者がどのように

障がい児とかかわるのか、障がい観・子ども観が重要である。

---

(4) 障害のある子とない子のかかわりをうながす保育内容づくり

　障がいのある子とない子のかかわりをうながす保育内容とはどのようなものだろうか。お互いの関係は、遊びや生活のなかで楽しさを共有していくことから始まる。その機会を保障するためにいくつかの方法がある。

　一つは場を共有することである。たとえば、クラスの子どもたちはごっこ遊びをしているが、障がいのある子どもはコップに砂を入れたり出したりして楽しむ感触遊びをしている。遊びは別々だが、同じ砂場で遊んでいることで「楽しい」という気持ちを共有することができる。水遊び、プールなどもこのような場の共有が成り立ちやすい遊びである。その場で「○○ちゃんが作ったジュースをみんなのレストランに配達しようか」などと保育者が仲立ちになってイメージをつなげることで遊びの共有に発展したり、健常児が障がい児とのかかわり方を理解することにつながる。

　二つ目には参加の中身を深くとらえることである。参加の仕方は、みんなとまったく同じように活動するだけでなくさまざまな形がある。活動に参加しないで遠くからチラチラと眺めている姿を「見ているだけで入ろうとしない」ととらえるのではなく、「関心を持ってみている」とみる。このような「周辺的参加」を集団とのかかわりが育つ過程の姿であるとみる。また、応援する、審判になる、保育者と一緒に掛け声をかけるなど多様な形の参加を「その子らしい参加のあり方」と位置づけることも重要である。

　三つめは活動を共有することである。生活や遊びのなかで一緒にできる活動を増やしていく。健常児も障がい児もとも

に楽しめるような遊び（手遊びやリズム遊び、散歩、砂や水遊びなど）を、1日の生活のなかに取り入れることで、"友だちと一緒にいて楽しい"と感じ、クラスが好きになることが大切である。障がいのある子にとって理解しにくい活動では、視覚的支援やことばかけなど分かりやすい手掛かりや工夫が求められる。また、クラスの活動に障がいのある子を参加させるという発想だけでなく、障がいのある子が興味のあること、好きな活動にほかの子どもを誘っていくというやり方もある。障がいの有無にかかわらず、どの子も参加したくなる魅力的な保育内容を考えることが大切である。

　お互いの関心が高まり、一緒に遊びたいと思ってもうまくかかわれないこともある。たとえば障がいのある子どもが、かかわり方がわからずに好きな友だちをたたいたり、肢体不自由のある子どもでは運動面でのギャップが大きく、遊びに参加できないということがある。保育者はその都度お互いの思いを言葉にしながらいっしょに活動できる方法を工夫していく。5歳児クラスになると「一緒に活動するにはどうしたらよいか」を子どもたち自身が話しあえることも重要である。絵本『ちいさなおばけちゃんとくるまいすのななちゃん』のなかでは、車いすのななちゃんの「私も鬼ごっこをしたい」という願いを受け止めて子どもたちがみんなで「走ってはいけない鬼ごっこ」を考えだしていく姿が描かれている。[※3]

※3　又野亜希子・はっとりみどり（2011）『ちいさなおばけちゃんとくるまいすのななちゃん』 あけび書房

```
（5）かかわりをうながすことからインクルーシブな保育への発展
```

■事例㉘

　マサトくんは4歳児クラスになった。4歳児クラスでは運動会に向けてうんていに取り組むことになり、マサトくんも加配のミナミ先生と一緒に取り組むことにした。腕の力が弱く、ぶら下がれずにいたマサトくんだったが、大好きなユウくんが

やっている姿を見てまねようとするようになった。ミナミ先生に支えてもらってぶら下がれるようになったマサトくんに、ミナミ先生も担任のアオキ先生も大喜びした。ところがクラスの子どもたちは「だってぶら下がってるだけやんか」「前に進まないとダメ」とつれない反応だった。アオキ先生は「クラスの子どもたちはマサトくんを理解していない」「みんなは冷たいなぁ」とショックを受けてしまった。

　果たして、マサトくんのクラスの子どもたちは冷たい子どもたちなのだろうか？ ４歳児は障がいのある子の「違い」に気づいて気になりだす段階である。気になったことをどのように子どもたちがとらえ、どのように表現していくかは実はクラスの集団の育ちにかかっている。

　障がい児を含めた集団づくりでは、「どの子も大事にされている」という観点が大切である。どの子もまず保育者（大人）に安心して自分の要求や気持ちを出せる関係を大切にしなければならない。自分自身の思いや存在が大切にされていないと他者のがんばりや成長に思いを寄せていくことは難しい。自分が大切にされていることを土台にしながら、子どもたちは自分とは異なる部分を持つ障がい児の思いや成長に気づいていくのである。そして、お互いにその子らしさを認めあい、共感して育ちあう関係を作っていくのである。

■事例㉙

　アオキ先生はミナミ先生や園長・主任と話しあいをするなかで、マサトくんに対しては少しの変化も大切にして喜びあってきたのに、ほかの子どもたちに対しては目標を達成したとき＝「できた」ときにだけほめていたことに気づいた。障がいのない子どもたちも、もっと丁寧に自分の成長を認めてほしいとねがっているのではないか、「クラスの子どもたちのマサトくん理解」ではなく、すべての子どもが認めあう集団づくりが今の私たちの課題だ、保育そのものを見直そう、とアオキ先生とミナミ先生は話しあった。アオキ先生は、クラス全体で「すてき探し」にとりくむことにした。終わりの会でクラスの友だちのすてきなところを見つけて報告しあ

い、みんなで共感しあうなかで、マサトくんだけでなく、みんながお互いを大切にする関係ができてきた。

一人ひとりが大切にされていると実感し、安心して生活や活動ができるように少人数のグループで保育する方法がある。障がい児を含めてグループをつくるときには、その子どもに関心を持っている子ども、かかわるのが上手でやさしい子ども、対等にぶつかれる子どもなど状況に応じた配慮をする。「しっかりした子」を障がいのある子のお世話係にするのではなく、全員がグループのなかで対等に生きいきと活動できるようにグループ編成をする。保育者は日常のなかで子ども同士の関係をよくつかんで配慮することが求められる。

（2）で述べたように、どの子どもにとっても「あこがれる関係」「張り合う関係」「導く関係」が必要であるが、障がいのある子の場合、生活年齢ではそのような関係を保障することが難しい場合がある。知的障がいの有無や運動発達の状況を見て、どのクラスに所属することが本人にとってよいのかを考慮して決めていく。ただし、5歳児になると就学を見通して、基本的に生活年齢クラスで生活・活動することが多い。保育園に入園した時から卒園までを見通して保育の計画をたてることが重要である。

そのほかにも、次節の2-（1）の事例に示すように"障がい児小集団保育"と位置付けて園内在籍の障がい児3人から7人くらいをプレイルームで週1回程度、発達課題を実現するための活動を障がい児を中心にしておこなう例もある。所属クラスの大きな集団のなかでは圧倒されたり「世話される」存在になりがちな障がい児が、自分の発達課題に応じた活動のなかで自信を深め、共通の課題をもつ集団のなかで「張り合う関係」や「導く関係」を保障される機会となる。さらに、小集団での活動をクラスの活動につなげたり、小集団での成果をクラスの仲間に報告することで「別の活動をするこ

とがあっても○○ちゃんも同じクラスの一員」という意識を子どもたちのなかに育てていく。

　障がい児がどのクラスで生活するのかは保育体制にもかかわるので、園全体の職員の理解と合意のもとに確認して進めることが重要である。そのためには加配職員や担任だけでなく、全職員が障がい児の情報や課題を共有できることが必要である。また、保護者（健常児の保護者を含む）にも、事前に了解・納得を得ておくことも必要である。

> **(6) 支援を必要とする子どもの視点から保育を見直す**
> **　～子どもが主体の「特別支援」**

■事例㉚

　4歳児クラスの運動会ではミナミ先生に支えてもらってうんていをやり遂げたマサトくん。5歳児クラスではみんなと一緒に玉入れにとり組むことになった。ところがマサトくんは走り回って友だちを押したり、玉を友だちに投げつけたり、かごを揺さぶってひっくり返そうとしてしまうため、クラスの子どもたちもマサトくんに注意をしたり怒ったりすることが増えてきた。そこでクラスのみんなで、どうしたらいいのか話しあうことになった。話しあいのなかで、マサトくんは走るのが好きだから、「かごが動く玉入れ」にして、かごを引っ張る係になったらどうかというアイデアが出た。

　保育園の生活のなかで節目となる運動会、生活発表会、造形展などのさまざまな行事は、とりくむなかで子どもたちの関係性が深まり、自信をつけて飛躍できる機会となることが大切であり、その成長を親とともに喜びあう場でもある。障がいのある子にとっては、発達課題が異なる子どもととりくむことになるため、行事の在り方や内容について工夫が必要となる。親にとってもわが子の成長を感じとる場であると同時に健常児との違いを実感する場でもあり、繊細な配慮が必

要である。

　行事の場では特に、障がいのある子がどうやったらクラスの活動に参加できるかを考えることが多いが、マサトくんが得意なことから発想し、それをクラスの課題にとり入れることで、結果的にマサトくん以外の子どもたちにとっても、とても面白い玉入れになった。

■事例㉛

　マサトくんが大好きなユウくんは、運動は得意だが、絵本やおはなしの時間にじっとしていることが苦手な子どもだった。実はユウくんは外国籍の子どもで、家庭では両親の母国語、保育園では日本語という生活だったため、言葉での状況理解が難しいこともあった。そんなユウくんだったが、マサトくんが理解できるようにアオキ先生やミナミ先生が短い言葉で具体的に説明したり、絵にかいて示しているのを見て、スムーズに活動に参加できるようになった。マサトくんにあこがれられ、頼りにされたこともユウくんの自信につながった。

　これまで述べてきたように、障がいのある子どもが保育園のなかで育つためには、特別な配慮と支援が必要である。それは言いかえると、それがあれば、ともに育ちあうことができるということである。

　障がい児をはじめとした特別な支援を必要とする子どもの存在をきっかけにして「通常の」保育をより豊かに柔軟なものにしていく。そのなかで、どの子にとっても心地よい生活をつくり出すことがインクルーシブな保育＝だれも排除（のけものに）しない「すべての子どもがともに育ちあう保育」といえる。

2 ─── 障がいのある子どもと遊び

---

(1) 遊びの展開　保育園の事例

これまでに見てきたように、子どもは遊びと集団のなかで育つ。保育園での障がい児保育のなかでも、その子どもにとって楽しい遊び、好きな遊びを見出し、ともに楽しむ関係をどうつくっていくかが保育実践のやりがいの一つである。ここでは保育所の事例を具体的にとり上げる。

ハルくんは自閉症スペクトラムと診断されており、A市立B保育所^{※4}に4歳児から入所した。2年間の保育実践を遊びを中心に振り返ってみたい。^{※5}

① 1年目（4歳児クラス）子ども24人、担任3人の保育
ⅰ）一人遊びからナカノ先生と遊べるように

入所当初のハルくんは、保育室にほとんど入らず園庭で砂を容器に入れて黙々と遊んでいた。他児が近づくとけげんな表情をして"近づくな！"というように砂をまく。家から持ってくる小さな怪獣のおもちゃを戦わせて「自分の世界」に入って遊んでいた。

A市の公立保育所では、障がいのある子の入園に際しては、発達診断の結果をもとに職員集団で検討し保育計画を立てる。ハルくんについても発達課題を踏まえて1年間の保育課題を立てた。

一つは、ハルくんが新しい環境のなかで、安心してかかわれる存在となるよう、担任の1人であるナカノ先生が好きな遊びに寄り添い、共感関係を深め、要求を出していけるようにした。もう一つは、「活動の対象化」である。^{※6}

他者とかかわることを拒むハルくんに、ナカノ先生はまずハルくんの世界に入ろうと、ハルくんと同じように怪獣のお

※4　通常、公立の保育所の場合、保育園とは言わずに、この項のように保育所と表記することが多い。

※5　本実践は、A市公立保育所事例検討会で発表されたものである。発表資料に筆者の責任で加筆・修正をしている。

※6　例えば、プリンカップに一人黙々と砂を入れているハルくんに、活動の切れ目に「ナイナイしたね」「それ、ちょうだい」「これ、どうぞ」などの言葉かけをし、相手とやりとりする力を育てるようにした。

もちゃを持って戦いごっこに加わった。するとそれまで無表情だったハルくんがナカノ先生の顔を見て笑い出し、戦いごっこに誘うようになった。さらに、揺さぶり遊びやイナイイナイバァ、マテマテなどで、笑顔や発声を豊かにすることも大切にした。

ⅱ）友だちとのかかわりは小集団でのつながりをてがかりに
　このように担当保育者との関係ができてきたハルくんだったが、他児とのかかわりはまだ苦手であった。B保育所では、「園内障がいのある子小集団保育」（以下、小集団保育）として、週に1～2回、園内在籍の障がいのある子を中心に3～5人くらいでプレイルームで保育をしている。ハルくんもそこで保育者や少人数の友だちと遊ぶなかで共感関係と認識を育てていった。
　ある日、ハルくんがプレイルームでナカノ先生と遊んでいると、同じクラスのサヤちゃん（発達遅滞）が入ってきた。ハルくんは機嫌が悪くなり、サヤちゃんを押しだしてドアに鍵をかけカーテンを閉めたが、しばらくすると泣いているサヤちゃんをガラス越しに見るようになった。そのタイミングで保育者が「ハルくんがダメって言ったから泣いてるよ～。かわいそうね。サヤちゃんも一緒に遊びたいんだって」というと、ハルくんはドアを開けてサヤちゃんを中に入れた。まだ一緒に遊ぶことはないが、サヤちゃんが傍にいても気にせず遊べるようになっていった。他児が苦手だったハルくんであったが、サヤちゃんとかかわりができたことで他児に関心をもつようになり、クラス集団のなかに入る手がかりになった。クラス集団で生活をしながら、活動内容に応じてクラス集団ととり組んだり、プレイルームの小集団保育でとりくんだりするなかで、ハルくんは4歳児の1年間で、友だちのやっていることに興味を持ち、自ら活動に加わっていく力をつけた。

② ２年目（５歳児クラス）子ども 24 人、担任 3 人のクラス
　での保育

ⅰ）ハルくんの世界を広げる

　5歳児クラスになり、1年の成長を振り返って、5歳児ク
ラスでの保育課題を確認した。たとえば、4歳児クラスで、
友だちの活動に興味を持ち自ら加わっていくようになったの
で、5歳児クラスでは、「他児と簡単なイメージを共有して
遊ぶ」ということを目標の1つにした。また、5歳児クラス
ではナカノ先生が固定的にかかわるのではなく、担任2人が
必要に応じて補助しながら、クラスの子どもたちとのかかわ
りを深めて対人関係を拡げていくことになった。そのなか
で、友だちや保育者の支えで新しいことにもとりくみ、"で
きた"という実感を味わうことも重視した。また、引き続き
小集団保育をおこない、定期的に園内障がいのある子担当者
会議をもち、保育について確認・交流した。

　また、行事はハルくん自身が「ぼくもやりたい」と思える
工夫のもとにとりくんだ。ハルくんが朝の会に必ず参加でき
る工夫として、わかるように具体物を見せたり、絵を描いた
りして説明した。5歳児になると話しあいも複雑になるので、
ハルくんが最後まで参加するのは難しく、途中で出ていって
しまうことも多かったが、朝の会の途中で外に出ていって
も、クッキングなど好きな活動には自分から参加するように
なっていった。

ⅱ）10月、友だちと対等の関係ができ始める

　食事の用意をしているとき、グループの友だちに「ごはん
だよー」と呼ばれ、帰ってきた。ハルくんは席に誰かが座ろ
うとすると自分の椅子を持ってきて押しのけようとする。子
どもたちも以前はすっと引いていたが、今は譲らず「ここぼ
くが座りたいねん。かわってほしかったら、かわってって
言って」と要求する。ハルくん「カワッテ」他児「いいよ」

「アートー（ありがとう）」と言って席を交替してもらい嬉し
そうに食事を始める。またあまりにも帰ってくるのが遅いと
きは「帰ってくるのが遅かったからダメ。ここに座りたいん
やったらもっと早く部屋に帰っておいで」と言われて、渋々
ほかの席に座りにいっていた。

ⅲ）12月、大好きな三輪車を通して自分の気持ちを伝えら
　　れるように

　三輪車のけんけん乗りが得意になり、大好きな遊びになっ
た。特に気に入った三輪車があり、誰かがそれを使っている
と、交替してくれるまで「カ・ワッ・テ」「コータイ！」と
頼んだり、保育者を呼びに来たりする。交替してもらった
ときは「アートー（ありがとう）」と嬉しそうな表情をする。2
～3人で連なってスピード乗りを楽しんでいる姿も見られる。
三輪車で遊んでいるときにグループの友だちが「ハルくん、
ごはん食べよう」と呼びに来ると、「イヤー」「ゴハン、イラ
ン、ゴチサマ！」とまだ遊びたいという気持ちを伝えられる
ようになった。遊びたい気持ちを切り替えるのには時間がか
かるが、保育者は「食べたらまた三輪車に乗って遊ぼうね」、
時には「ご飯いらんて言ったね。もうハルくんのご飯お片づ
けするね」と強く出たりしながら、できるだけハルくんが自
分で気持ちを切り替えて帰ってくるのを待つようにした。こ
のころになると、いっぱい遊んだあとに「ココ、置イトイ
テー」と言って三輪車を部屋の前に置き、ご飯を食べ始める
姿も出てきた。食べ終わるとさっさと片付けて保育者に「バ
イバーィ」と言い、再び三輪車に乗りにいくようになった。

　2年間の保育のなかで、まず4歳児クラスでは、ハルくん
の好きな遊びを特定の大人と共有することから始め、小集団
のなかで生まれた他児との関係を手掛かりにクラス集団との
かかわりを育てていった。5歳児クラスでは、クラスの活動

をハルくんにもわかるように説明したり、参加を強制せずに待つことを大切にした。そのなかでハルくんには友だちと一緒に遊んだり、自分の要求を伝えたり、交渉までする力が育ってきた。本人の好きな遊びを一緒に楽しみながら発展させ、そこからどのように他者との関係につなげていくか、を常に職員集団で論議しながら焦らず、見通しをもって働きかけることの重要性を再確認できた実践であった。

■事例㉜

自閉症スペクトラムという診断をうけていた4歳児のヒロシくん。好きな絵本やペープサートを手に、廊下や部屋の隅でひとり、それを眺めていることが好きだった。園庭ではお気に入りのサッカーボールを2つ、自分のペースで転がしては追いかけるという遊びをひたすら繰り返していた。大人が「何読んでんの？」「～しよう」とかかわろうとすると「邪魔せんといて」と言わんばかりに背中を向けたり、怒ったりしてかかわりを拒んだ。クラスの設定遊びが始まると「廊下に出たい」と扉の前に大人の手を引いていく。「今は～しようよ」と遊びをうながすと、激しく怒り、噛んだり、頭を打ち付けたりといった表現で「廊下に出たい！」の思いをぶつけ続けるため、しかたなく、廊下に出る毎日だった。ヒロシくんにとってはクラスの遊びに参加するよりも、廊下が一番自分のペースで過ごせ、安心できる場所だった。担任はヒロシくんに、「大人と楽しい気持ちを共感してほしい」「いろいろな遊びを経験して好きな人や遊びを増やしてほしい」とねがっていた。

①安心できる大人の存在

まずは「廊下が安心の拠り所ではなく、担任が安心できる存在になりたい」とねがった。そこで、ヒロシくんの好きなこと、モノ、場所に寄り添うことにした。無理に入室をうながすのはやめ、ヒロシくんと一緒に廊下を歩き、立ち止まると「何を見てるんかなぁ」と目線を同じにしてみた。1人で

絵本を眺めているとき、必ずヒロシくんのそばで見守るようにした。

　担任はヒロシくんの思いを知りたくていつもすぐそばにいるようにした。そうすることで「好きな絵本を廊下で見たい」「集会室でボール遊びをしたい」「職員室にある絵本を見たい」「給食室をのぞかせてほしい」と、大人の手を引っぱったり、小さく「ちょうだい」の動作で表現したりと、ヒロシくんの思いもはっきりと伝わるようになった。

　ある日、ヒロシくんが廊下で激しく怒っていた。そのとき実は、ほかの子どもへの対応で、担任がヒロシくんにしっかりと付きあいきれていなかった。担任が慌ててヒロシくんのそばに向かうとピタッと泣きやんでくれた。「一緒にいてほしかった」と思いを伝えてくれたように感じた。ヒロシくんにとっての安心が廊下ではなく、担任に代わってくれたと実感した場面だった。その後、一定時間好きなことに付きあったあとは「クラスに入ろう」という担任の誘いかけにも少しずつ応じてくれるようになった。

②安心から期待へ

　担任と少しずつ信頼関係が築かれてきたけれど、園庭ではお気に入りのサッカーボールを2つ両手に抱え勢いよく転がしては追いかけるという一人遊びに没頭していた。大人はそのお気に入りのボールを出してくれる手段でしかなく、「一緒に遊ぼう」とかかわろうとすると、「僕のボールに触るな」と言わんばかりにボールをとり返し、自分の転がし方にこだわるか、不満そうに遊びをやめてその場を離れてしまう。

　「大好きな遊びのなかで人の存在に気づき、楽しさを共有してほしい」「一緒に遊ぶことが楽しいという気持ちを膨らませてほしい」と担任はねがった。

　そこでヒロシくんが転がしたボールをわざと止めて「ヒロシくん、いくよ」と声をかけて転がし返すことから始めてみ

た。最初は「何するねん」と不満そうに遊びをやめて離れて
いった。離れていくヒロシくんにボールを返すと、「一人で
遊びたい」と主張するように担任の方向を避けてボールを転
がすヒロシくん。担任は転がっていくボールを追いかけて
キャッチ、「ヒロシくん、いくよ」と転がし返すことを「楽
しいよ」と伝えるように毎日繰り返した。そのうち、「ヒロ
シくん、いくよ」と声をかけると、ヒロシくんの視線を感じ
るようになった。「せんせいボールを転がし返してくれるん
かな？」と担任からのかかわりを期待するような視線。ヒロ
シくんは徐々に、担任が転がし返すボールを受け止め、「も
う一回転がしてほしい」と手渡してくれるようになった。一
人で遊ぶよりも大人と遊ぶことに期待が広がってきたヒロシ
くん。ヒロシくんの好きな遊びをたっぷりと保障し、どこま
でも楽しく寄り添ったこと、そのことで担任が安心できる存
在になれたのだった。

　信頼関係が感じられるようになったからこそ、そのとき
を見計らって、担任はこれまでと違う遊び方を提案してみ
た。ボールを転がすのではなく、思いっきり地面にバウンド
させて高く跳ね上げてみせた。「えっ、こんな遊び方もある
ん？」と驚きつつも「もういっかいやってみて」とボールを
手渡しにきてくれるようになった。そのうち、ヒロシくんも
転がすのでなく、同じように地面にボールを弾ませるように
なった。「先生とおんなじことをやってみたい」という気持
ちが膨らんできた。「前やった遊びをやろうよ」と気づいて
もらえるぎりぎりの距離から担任へボールを転がしてヒロシ
くんのほうから遊びに誘ってくれるようになった。その小さ
なサインは「大好きな遊びを一緒に楽しんでくれる先生！」
と伝えてくれているようだった。大好きな担任がほかの友だ
ちと遊んでいると、「ここで待ってるよ」と遠くから視線を
向けてくれるようになった。靴箱から担任の靴を抱えてきて
「先生と遊びたい！」と伝えてくれるようにもなった。楽し

いボール遊びにほかの友だちが入ってきても、担任と友だちと順番にボールの転がしあいを楽しめるようにもなった。担任を通して、友だちの存在も受け止められるようになったのだった。

③遊びや人への関心の広がりへ

集会室では、組み遊具は好きだけれど、クラスのみんなのなかで「僕もする！」と意欲を出しにくく、窓際を歩きながらまわりの様子を見るだけでなかなかとりくみにくい姿があった。でも、担任がヒロシくんの様子を見計らって誘ってみると、怒らずに遊具に向かってくれるようになった。そうしてやってみて「デキタ！」を共感しあうことで笑顔が見られるようになり、「もう1回する？」の誘い掛けにも嬉しそうに向かうようになった。

大好きな担任を支えにクラスのなかでも安心して過ごせるようになったヒロシくん。部屋の隅からでも担任や友だちがしていることに注目して「何が始まるんかなぁ」「友だちは何をしてるんかなぁ」と関心を示したり覗き込むようになった。以前は描画や粘土など机上の遊びは苦手で、道具が準備されていく段階から「無理にさせられる」と抵抗感が前面に立って気持ちを大きく崩してとりくめなかった。でも、担任との信頼関係を基盤に「〜してみよう」と見本や手順に注目できるようになり、心構えができるようになった。「先生とならちょっとやってみようかぁ」とクレパスを触ってみる、小麦粉粘土を転がしてみる、担任が持つペンを一緒に持って描いてみる、そんな姿を担任が「すごいね」「やったね」と肯定的に意味づけていくことで、少しずつ自信へとつながっていった。そうして、「ぐるぐるって描いてよ」と伝えるように、ペンを担任に渡してくれるようにもなった。

④ヒロシくんの育ちからみえる大切なこと

　「どんなふうにかかわったらいいのかなぁ」と悩みながらも、じっくりヒロシくんに寄り添い、向きあい、かかわり方や遊び方を一つひとつ工夫してきた担任。そうして大人との信頼関係を土台に、楽しいことを先生と一緒にしたいという気持ちが膨らんでいった。楽しめる遊びや人が広がり、それまで不安だった活動や行事にもとりくめるようになった。それは行きつ戻りつしながら、一歩一歩階段を昇っていくようなゆっくりとした育ちだったが、人とのつながりのなかで培われた確実な育ち。そこにはいつも「ヒロシくんの思いをもっと分かりたい」という担任のねがいがあった。

(3) 障がい児保育における遊びの意義

　あなたが乳幼児期に思いっきり楽しんだ遊びは何だろうか。「子どもは遊ぶもの」「遊びは子どもの仕事」といった「遊びや子どものとらえ方（遊び観、子ども観）」は、今も共感を得やすいだろう。想像力・協調性・粘り強さをはぐくむなど「遊びの効果」が強調されたりもする。しかし、遊びから得られる効果のために子どもが遊ぶことはない。遊びのなかでは、「やった！」「いやだった」「びっくり！」「くやしい」「こわい」「おもしろい」といった感情を経験する。そうした経験が、子どもの感情・思考・身体・人格それぞれに働きかけていく。

　筆者は保育園時代、砂場での落とし穴づくりが大好きだった。両手で穴を掘り、小枝を何本も交差させた上にビニールなどを敷き、最後に砂や葉っぱをかぶせていく。その後、保育者に目をつぶるよう頼んで砂場へ来てもらっていた。保育者が近づいてくると、何とも言えないどきどきわくわくで胸が高鳴った。落とし穴づくりをはじめとした乳幼児期の遊びが、筆者にとって「何の役に立ったか」と聞かれてもうまく

答えることができない。しかし、思い出すとほっとしたり当時の感情を昨日のことのように感じたりもする。1人の人間にとっての遊びの効果をあえて言葉にすれば、「1人の人生を支え豊かにもしてくれる」といったところだろう。遊びを何かに役立てようと考えた途端、遊びは「それ自体を楽しむもの」から「何かを学ぶためのもの」に重点が移っていく。

　それでは、「障がいのある子どもと遊び」を取り上げるのはなぜだろうか。ここでは、以下の3つの疑問に答える形で検討していきたい。第一の疑問は、「障がいのある子どもは遊びを苦手とするのか」である。第二の疑問は、「障がいのある子どもの遊びは定型発達の子どもと異なる意味を持つのか」である。そして第三の疑問は、「障がいのある子どもの遊びについて保育者が心に留めるべきことがあるのか」である。以下、これら3つの疑問を順に検討していく。

①障がいのある子どもは遊びが苦手？

　まず、障がいのある子どもは遊びを苦手としているのだろうか。人前で話すのが苦手、暗い場所が苦手、騒がしい場所が苦手、といった苦手は誰にでもある。「遊びが苦手」とはどのような状態だろうか。「好きに遊んでいていいよ」に対して「なにしてあそんだらいいの？」と聞いてくるのであれば、確かに「遊べない定型発達児」「遊びが苦手な子ども」かもしれない。遊びにとって「言われたらする・できる」ではなく「自分なりのやり方であれこれ試みる」主体性が大事だといえる。なお、「自分から進んで」という積極性と、ここでいう主体性の意味は同じではない。

　他方で、運動が得意、絵が得意、覚えるのが得意、探し出すのが得意、といった得意は誰にもあるだろう。それでは「遊びが得意」とはどのような状態だろうか。「遊びが得意な子ども」という表現は時折耳にする程度だが、「子どもと遊ぶのが得意」や「誰とでも遊ぶことができる」という表現に

はよく出会う。「障がいのある子どもと遊ぶのが得意」も同様である。どちらの場合も遊び自体が得意なわけではなく、誰かと遊ぶことを得意としている。このように考えると、障がいのある子どもが遊びを苦手とするのではなく、目の前の子どもに応じた遊びの発見・発明・共有という保育者側の課題が見えてくる。

　保育園の乳児室を想像してほしい。赤ちゃんそれぞれに応じた遊びがふんだんに用意されている。キャスター用の車輪を壁や柵に取り付け、それを指や手のひらで触れたり叩いたりできるようにする。天井から紐を垂らし、紐を引っ張ると鈴が鳴ったり紙吹雪が落ちてきたりするようにする。段ボールトンネルの入口や出口にすずらんテープでのれんを作り、中と外の雰囲気が変わるようにする。引っ張っても引っ張っても箱から次々とチェーンが出てきて、最後にやっとボールが出てくるようにする。夏には大きなビニール袋に水をたっぷりと入れて、室内でも水のつめたさや感触を楽しめるようにする（松本・第一そだち保育園、2011）[7]。実にたくさんの遊びが存在している。

　このように保育者は、子どもの「できること」「興味のあるもの」に応じて自在に遊びを作り出していく。子どもの遊びといった場合、つもり・みたて遊びやごっこ遊び、対立を楽しむ遊び（おにごっこ、助けおに等）がまず頭に浮かびやすい。しかし、それぞれの時期で遊びの内容も醍醐味も当然異なるため、質（遊び方）・量（遊びの種類）ともに保育者の遊びの豊かさが問われてくる。

　遊びは、心身ともに安定したなかでこそ満喫することができる。心配ごとや悩みごとが多いとき、とても遊ぶ気持ちにはならない。障がいのある子どもの場合、障がい特性や発達の状態に応じた物的・人的な環境の整備やかかわりが十分でないと、主体的な活動である遊びに気持ちがそもそも向きづらいことがある。その姿を見て、「障がいのある子どもは遊びが苦手」

※7　松本博雄・第一そだち保育園 編著（2011）『子どもとつくる0歳児保育—心も体も気持ちいい—』ひとなる書房

と思うかもしれない。しかし、全国各地で丁寧にとりくまれている保育によって、「障がいのある子どもが遊びを満喫する」という多くの事実が積み重ねられている。そして、本書でも保育所や専門施設（療育施設）での事例が紹介されている。

②障がいのある子どもの遊びは特別な意味をもつ？

次に、障がいのある子どもの遊びは、定型発達の子どもたちの遊びと異なる意味を持つのだろうか。カナちゃん（5歳）とあなたが公園に出かけたとしよう。公園に着くとカナちゃんは、あたりを歩いていた鳩を目がけて走り出した。鳩はカナちゃんの突進に気づき羽ばたくが、すぐに近くに舞い降りる。カナちゃんが再び追いかけると鳩はまた飛び立つ。これが繰り返されていく。あと一歩のところで飛び立つ鳩を追いかけた経験のある人は少なくないだろう。遊びとはその一瞬に経験する感覚や感情を目的としたものが多く、同じ遊びであっても場面が異なると楽しさが変わったり面白くなくなったりする。遊びはそれ自体を楽しむものである。

磁石でくっつく列車同士を付けたり外したりを繰り返すリョウくん（4歳）がいたとしよう。リョウくんの遊びへの働きかけには大きく2つがある。一つは、遊びを「広げたり深めたりする」ものである。遮断機・トンネル・線路を用意して、列車を走らせてみたくなる場面を作ることもできる。坂を下った列車がその先で待っている別の列車に「カチッ」とくっつく遊びでもよいだろう。列車をできるだけたくさん用意してもよいかもしれない。ほかに駅・切符・お客さんも用意できるだろう。リョウくんの関心を出発点にした働きかけである。もう一つは、「大人がしてほしい活動を遊びにとり入れる」ものである。列車を並べて「1、2、3」と数えたり、列車を指さして「あか」「あお」と色を教えたりするものである。こちらは、リョウくんの関心を目的のための手段にした働きかけである。障がいのある子どもにとっての遊び

は、「それ自体を楽しむもの」ではなく、特定の側面（機能や能力）に働きかける「何かを学ぶための遊び」と見なされることがある。しかし、考えてみてほしい。どちらの働きかけが、リョウくんの遊びを豊かにしていくだろうか。

近藤（2009）が指摘するように、「子どもは自分の好きなことを大切にされると世界を広げていく」のである。[8] 障がいの有無にかかわらず、遊びを学習の手段として大人が利用した途端、遊びらしさは消えてしまう。もちろん、子どもの実態に応じた工夫をするために、ある側面（機能や能力）を詳しく検討することは重要である。実際、身の回りにある題材や素材を生かして、4つの活動領域に応じて遊びを整理している実践もある（仙台市なのはなホーム、2004）。[9] しかし、そこでは「人と関わる」「ものを目でとらえる」「手指を使う」「体を動かす」といった遊びのねらいを意識しつつ、遊びの楽しさがとことん追求されている。障がい特性や発達の状態に応じた個別の働きかけが必要となるものの、障がいの有無によって遊びのもつ意味が変わることはない。

③保育者が留意すべきことは？

ここまでの話から、障がいのある子どもも遊びを満喫すること、障がいのある子どもの場合も遊びそのものが目的となる遊び方が重要であることが分かった。そのうえで、障がいのある子どもの遊びにかかわって保育者が留意すべき点を考えてみたい。

一つめは、子どもの関心に心を寄せて一緒に楽しんでみることだ。部屋にある絵本を全部出してからでないと読み始めないアユミちゃん（4歳）がいたとする。保育者からすれば一つだけ選んで読んだらいいように思える。けれども、片づけが面倒になるといった価値観をいったん脇に置いて、絵本をすべて出したときの風景を想像してみてほしい。「どの絵本にしようかな」といった気持ちが湧いてこないだろう

※8　近藤直子（2009）『続 発達の芽をみつめて―かけがえのない「心のストーリー」―』全国障害者問題研究会出版部

※9　仙台市なのはなホーム（編）（2004）『遊びたいな うん遊ぼうよ―発達を促す手づくり遊び―』クリエイツかもがわ

図5-2　準備は整った！（さぁどれにしようかな）

か（図5-2）。後から片付ける面倒を考えてしまうと、床一面が候補の絵本で埋め尽くされた爽快感（「さぁ、はじめるぞ」）をどうしても感じにくい。人形遊びであれば人形すべて、お姫様ごっこであれば靴やスリッパすべてを床一面に並べることもあるだろう。保育者の考え方で子どもに働きかけるのではなく、子どもの感覚に近づこうとする気持ちが大事になる。

　二つめは、子どもと一緒に楽しみたい遊びを日頃から考えていくことだ。いつもミニカーや電車を並べて遊んでいるカズくん（3歳）がいたとする。カズくんが喜んでくれそうな遊びとして、「（駐車スペースがきちんと分かる）駐車場なら気に入ってくれるかも」「駐車場の出入り口を積木で作るともっと楽しくなるかも」「発券機のアナウンスのまねをしたら関心を寄せてくれるかも」などと考えることができる。カズくんと一緒に遊ぶ場面をイメージして大人がわくわくしたとすれば、きっとカズくんも関心を寄せてくれるだろう。ただ、いきなり難しいことを一緒に楽しもうと焦ったりせず、並べることが多いのであれば「並べるを楽しむ」を追求するのもよいだろう（図5-3）。

　三つめは、偶然の出来事のなかに「素敵な可能性」を見つけるだけの時間・環境・心の面での余裕である。子どもの関

図 5-3 「並べる」を楽しむ工夫（電車のガレージ）

心に心を寄せ、日頃から遊んでみたいことを考えていくことは大事である。しかし、それと同じくらい偶然の出来事も大事である。他の子どもへの関心が見られにくいコウタくん（4歳）の場合を考えてみよう。ある日コウタくんが部屋の出入口のところに立って両腕を広げていた。出入口を行き来できないため、子どもたちの渋滞が発生していた。あなたが保育者であれば、この場面にどのように向きあうだろうか。

　コウタくんの日頃の様子を踏まえるなら、まずはコウタくんの表情を見てもよいかもしれない。ほかの子どもたちから「とおらせて」「あっちいきたい」「どいて」と言われているかもしれない。コウタくんの雰囲気から何か手がかりがつかめるかもしれない。仮にコウタくんが「わざと」していると感じられたとき、あなたはどうするだろうか。「どいてあげてね」「後ろ見てごらん」「みんなが困ってるよ」と伝えるのも一つかもしれない。コウタくんの肩を指で押さえながら、「ピンポン、開けてください」と言ってみるのはどうだろうか。コウタくんの琴線に触れたなら、両腕を静かに下ろすかもしれない。そこからコウタくんと他の子どもたちの間で、

「出入口ごっこ」「ガードマンごっこ」などが展開していく可能性もある。日頃の様子から子どもの関心に心を寄せつつ、偶然の出来事のなかにも遊びの手がかりを見つけることができると、遊びがいっそう豊かになっていくだろう。

3 ――― 障がい児保育における記録

(1) 子どもを理解するために「記録」が果たす役割

子どもを理解するために、保育者はどのようなことに気をつければいいのだろうか。

まずは、「ありのままの子どもの姿」を観察することから始まる。そのために、子どもの姿や会話、保育者の対応などを記録しておこう。記録を残すことで、子どもがどんな場面で戸惑ったか、過激な行動に出たか、集団から離れていったかなどの行動パターンが見えてくる。「いつもうろうろする子」「いつも友だちを叩く子」といった思い込みや保育者の主観でなく、事実に基づいて「子どもがなぜそのような行動をするのか」「子どもへのことばがけの工夫はどうしたらよいか」など一定の仮説を立て、保育をすることができる。そして、その保育を実践したときの子どもの反応や姿を再度記録することで、振り返り、修正し、組みなおしていくことができる。記録をとることは、子どもを理解するうえでのスタートであり、保育のはじめの一歩でもある。

では、記録にはどのようなものがあるだろうか。

保育園で、1日の出来事や反省・評価等を記入していく「保育日誌」は毎日書く業務日誌のようなものである。保護者の声、子どもの姿などを記入する欄をつくり、1日の終わりに記入しておくと記録として役に立つ。また、一つの場面をとらえて、子どもの姿や会話、保育者の対応などを細かくメモを取り、記録に残していく「場面記録」は、子どもをよ

り深く観察したいときよく使われる。

　しかし保育の日常は非常に繁忙であり、改めてメモを取る時間がないことも多い。ある園では保育室の所々（子どもに危険がないような場所）にすぐ記録できるようメモ用紙を用意してあるそうだ。そのメモに基づき、場面記録を作成したり個別指導計画に反映していくという方法もある。保育のなかでは思わず「記録しておきたい」と感動する場面は多い。子どもの発見や一言に感動するとき、その感動を発達の芽ととらえ、保育者集団で確認するためにも記録が大切である。

(2) 記録をとることで子ども・保護者の「ねがい」に気づく

　障がいのある子どものなかでも、生まれながらにして身体面・知的面での障がいがある子どもは専門機関との連携が重要になってくる。保育園に通いながら、専門の療育などを受けるために併行通園をしている子どももいる。こうしたケースは、専門機関へ通園の際に保育者も一緒に行って、保育園で配慮することなども確認しておくことが重要である。そして、専門機関で使っている観察記録の書式を参考にしたり、通園施設では経験できない友だちとのかかわりや日常生活のなかでのエピソード、保護者からの要望を記入しておくと、専門機関・保護者との連携がとりやすい。

　一方、保育者が一番悩むのが、専門機関での診断はないがいろいろな場面で「気になる子ども」の場合である。生活面の積み重ねができない、友だちと遊べない、トラブルが多い、常に動き回る、いつも何か喋っているなど、どう対応したらいいかわからない場合が多い。特にこうしたケースは加配保育者もつかず、担任1人で対応するため、パニックになった子どもの対応をしているうちにクラスの子どもたちもけんかになったり、遊びが続かなかったり、いわゆる学級崩壊に近い状態に陥ってしまい、保育者はへとへとになってい

るケースもある。

　このようなときもまず「子ども理解」から始めることが重要である。そのためには前項で紹介したような場面記録に基づいて、気になる子どもの「困った」背景をつかむことが必要である。特に２・３歳児クラスになると、気になる子どもの行動も顕著に出てくることが多い。ほかの友だちと同じようにできないのはなぜかを保育者は把握する必要がある。

（3）記録をとるポイントと子ども理解

　保育園のケースから記録をとるポイントを考えてみよう。

> **■事例㉝**
>
> 　ユウトくんは２歳のときに自閉的傾向の強い自閉症スペクトラムと診断された。部屋に入るのをとても嫌がり無理やり連れてきても、すぐに部屋から飛び出して、テラスでブロックをしていたり、砂場で一人で遊んでいた。どんなときに部屋から飛び出すのかとユウトくんの場面記録を元に行動を振り返った結果、以下のことがわかった。
>
> 　ユウトくんは部屋から飛び出す前に眉間にしわを寄せて怒ったような表情をする。飛び出すときに耳をふさぐしぐさをしたり、「もうイヤだ」と叫びながら出て行く姿がみられた。絵本や制作をするなど落ち着いた活動のときには比較的部屋で遊んでいることが多い。

　こうした姿を考慮して、クラス担任で議論して以下のことを確認し、保育をおこなった。
①騒然としたクラスの雰囲気や大きな音などでイヤになったときは部屋から出ていってもいい
②部屋の雰囲気が落ち着いたら誘いかけて戻るようにうながす
③自分から部屋に戻ってくるタイミングをつかめるようにしていく

保育会議で保育園全体でも確認して、保育を進めていくなかで、ユウトくんが部屋から抜け出してテラスで遊んでいても、ほかのクラスの保育者に無理やり引っ張ってこられることがなくなった。テラスでブロックをしながらもクラスでやっている遊びを気にし始めた。保育者が誘いに行くと「これが終わったら」と自分で「終わり」を決められるようになった。自分がしたくないことでも、少しがまんしてみんなと一緒にしようとするようになった。こうした変化が見られるまでに時間はかかったが、ユウトくんの怒った表情がどんどん柔らかくなっていくのがわかった。そして、自分から友だちにおもちゃを「貸して」と頼みにいけるようになり、友だちにも貸してあげられるようになった。

このように、場面記録では、

①好きなこと、自信を持っていることは何か
②「いや」な場面はどんなときか
③「いや」なときにどんな行動をしたか
④気持ちを変化させたときはどんな場面か。またそのときの保育者の対応（声かけ）や友だちのかかわり方はどうか
⑤友だちとのかかわりのなかでスムーズに集団に入り、楽しめる遊びは何か

など、まずはその子にとって、不快と感じること、「いや」なことは何かを観察することから始める。そのなかで、好きなことや得意なこと、「やってみたい」と思っていることなど、子どもの行動の背景や場面に隠された内面の気持ちに気づき、寄り添うきっかけができると、次の手だてが見えてくる。

（4）子ども理解は子どものねがいに寄り添うこと

「みんなと一緒にしたい」「自分もできるようになりたい」ねがいはどの子にもある。しかし、そのねがいに相反して、周りから見ればちょっとしたことに気持ちがざわついたり、衝動的な怒りが抑えられなかったり、周りが目に入らなかったりして、子どものねがいに反した行動に出てしまう。子どもたちが何に困っているのか、何が原因でその行動が起きるのかに気づいて、どうすれば乗り越えられるのかを一緒に考えていくのが大人の役割である。

子ども理解は子どものねがいをみつめる作業である。そして、そのねがいは保護者のねがいでもあり、いつしか保育者のねがいに変化していく。そして、障がいがある子もない子も、どの子にもねがいがあり、どの子のねがいにも寄り添えることが保育者の果たす役割である。

子どものねがいに寄り添い、一緒に明日を作っていくためにも、「子どもを理解」し「子どものねがい」に気づいていける保育者が求められている。その原点が子どものあるがままの記録である。

4 ―― 個別の指導計画・個別の教育支援計画

第1章に登場したアオキ先生は、レイちゃんを受けいれる準備をするなかで、「個別の指導計画を作成した方がよい」とアドバイスをもらう。「個別の指導計画」とはいったいどのようなものだろうか。「個別の指導計画」について調べてみると、自治体や園によって、計画サイクル（年間・期間・月間）や項目などシートもさまざまであった（表5-1、表5-2参照）。月間「個別の指導計画」を作成している園や、年間と月間というように複数作成している園が多いが、発達や変化がゆるやかな子どもの場合には毎月の作成はむずかしいと

表5-1 「個別の指導計画」のシートの例（A保育園、年間）

	子どもの現状	課題および活動	配慮
生活習慣			
言語・認識			
全身運動・手指操作			
対人関係			
遊び			

表5-2 「個別の指導計画」のシートの例（B保育園、月間）

	前月の子どもの姿	ねらい	保育者の援助
健康			
表現			
環境			
言葉			
人間関係			

感じている保育者が多いこともわかった。アオキ先生は、レイちゃんにとってどのような「個別の指導計画」を作成することが大切なのか、さらに考えることにした。

　以下では、保育園・幼稚園・こども園における「個別の計画」や「個別の指導計画」の現状と課題について概観し、保育園における「個別の指導計画」の作成例より、作成するうえで大切なことや作成することの意義について考えてみよう。

（1）保育園・幼稚園・こども園における個別の計画

　2007年4月から「特別支援教育」が学校教育法に位置づけられ、障がいのある子どもを含む一人ひとりの教育的ニー

ズに応じた指導や支援がすべての学校において求められるようになった。また、早期から保育・教育的ニーズに応じた適切な指導や必要な支援をおこなうことは、その後の自立や社会参加に大きな効果があることがわかってきた。このような背景から、2009年に施行された「保育所保育指針[※10]」と「幼稚園教育要領[※11]」では、障がいのある子ども一人ひとりのニーズに応じた指導についての計画や、家庭や関係機関と連携した支援のための計画を個別に作成することが望ましいと明記された。さらに、2017年に改訂された「保育所保育指針[※12]」「幼稚園教育要領[※13]」「幼保連携型認定こども園教育・保育要領[※14]」では、障がいのある子どもを含め特別な支援を要する子どもに対して「個別の指導計画」や「個別の教育支援計画」を作成し、活用することが具体的に求められるようになった。[※15]

　支援のための計画や指導についての計画を個別に作成する「個別の計画」には、「個別の支援計画」「個別の教育支援計画」「個別の指導計画」などがある（図5-4、表5-3参照）。保育園・幼稚園・こども園において、特別な支援を要する乳幼児一人ひとりのニーズに応じた指導を計画的・継続的におこなうために作成するものが「個別の指導計画」である。

※10　厚生労働省（2008）『保育所指針―平成20年告示―』フレーベル館

※11　文部科学省（2008）『幼稚園教育要領解説―平成20年10月―』フレーベル館

※12　厚生労働省（2017）『保育所保育指針―平成29年告示―』フレーベル館

※13　文部科学省（2018）『幼稚園教育要領解説―平成30年3月―』フレーベル館

※14　内閣府・文部科学省・構成労働省（2015）『幼保連携型認定こども園教育・保育要領解説―平成30年3月―』フレーベル館

※15　さまざまな障がい、虐待、貧困、母国語の問題等により特別な支援を要する子どもを示している。さらに、保育園、こども園では、3歳未満児に対しても、「一人一人の生育歴、心身の発達、活動の実態等に即して、個別的な計画を作成すること」と新たに明記されている。

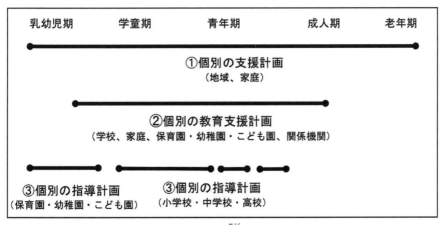

図5-4　個別の指導計画[※16]

※16 深川望（2019）「特別な支援を要する子どものニーズ把握を可能とする「個別の指導計画」の作成のあり方に関する研究—保育所・幼稚園におけるケーススタディを通じて—」『常磐会短期大学紀要』第47号, 65-84 一部改変

※17 酒井幸子・田中康夫（2013）『発達が気になる子の個別の指導計画』学研プラス、を参考に筆者が作成。

表5-3 「個別の指導計画」の概要[17]

---

① **「個別の支援計画」**
　障がいがあるとわかったときから生涯にわたり総合的に支援をおこなうための計画。保健・福祉・医療などの関係機関（地域）と家庭で連携して作成。

② **「個別の教育支援計画」**
　小学校入学前から卒業後までの学齢期を中心とした支援をおこなうための計画。「個別の支援計画」を教育機関が中心となって策定する場合の呼称であり、「個別の支援計画」に含まれるもの。学校（教育機関）が中心となり、家庭や保育園・幼稚園・こども園、保健・福祉・医療、教育相談、労働などの関係機関と連携して作成。

③ **「個別の指導計画」**
　「個別の支援計画」をふまえ具体的に幼児児童生徒一人ひとりの障がいの状態などニーズに応じた適切な指導をおこなうための計画。学校、保育園・幼稚園・こども園などで作成。

（2）「個別の指導計画」の現状と課題

※18 文部科学省初等中等教育局特別支援教育課（2017）「平成29年度特別支援教育体制整備状況調査結果について」（「個別の教育支援計画」の作成率は、幼稚園65.6%、認定こども園66.3%、小学校94.1%、中学校92.0%である。）

※19 菊田真代・宮木秀男・木舩憲幸（2014）「幼稚園教師が抱く個別の指導計画の作成に関する困難感」『特別支援教育実践センター研究紀要』12号, 59-67.

　文部科学省が毎年実施している「特別支援教育体制整備状況調査」の2017年度の調査によると[18]、「個別の指導計画」の作成率は、幼稚園が49.1%、認定こども園が61.6%、小学校が94.9%、中学校が86.2%である。幼稚園、認定こども園の作成率は年々増加傾向にあるものの、小学校、中学校と比べると決して高いとはいえない。「個別の指導計画」を作成していない理由としては、作成対象や作成方法について一定の規則などはなく、原則として作成する園に任されているという状況が指摘されている。菊田・宮木・木舩（2014）[19]は、「個別の指導計画」の作成において、幼稚園教師は、特に「具体的な指導内容の設定」と「評価」に困難感を抱いていること、一方で、巡回相談を受けるなど専門機関と連携している園は、助言を受ける機会が多く、「個別の指導計画」の作成率が高いことや、作成に関しての困難感が低いことを報告している。

筆者は、2018年度教員免許状更新講習の選択講習で「特別支援教育」を受講した現職教員・保育者を対象にアンケート調査をおこない、「個別の指導計画」[20]を作成してもうまく活用できていない、担任など教員・保育者の負担が大きいなどの課題を明らかにした。特に、月間「個別の指導計画」を作成している場合に、子どもの変化がわかりにくく困難感を抱くと、活用できる計画を作成できずに、保育・教育効果を感じにくい可能性が示された。特別な支援を要する子どものニーズに応じた指導や支援をおこなうためには、子どものニーズをよく把握し、ニーズに寄り添った「個別の指導計画」の期間、項目、内容であるかを評価すること、職員間、保護者、専門家、関係機関などと連携しながら園全体でとり組むことができる支援体制の整備が求められる。

※20　調査対象者は女性54名で、校種は保育園16名（29.6%）、こども園26名（48.1%）、幼稚園12名（22.2%）である。「個別の指導計画」の作成経験は、ありが31名（57.4%）で、保育園11名（71.3%）、こども園17名（65.4%）、幼稚園3名（27.3%）である（深川望（2019）「特別な支援を要する子どものニーズに応じた支援に関する研究－「個別の指導計画」の現状と課題－」『常磐会学園乳幼児教育研究会2018年度研究会誌』）。

> (3)「個別の指導計画」を作成するうえで大切なこと
> 　　（保育園における「個別の指導計画」の作成事例より）

　保育園における「個別の指導計画」の作成事例[21]より、「個別の指導計画」を作るうえで大切なことについて考えてみよう。

※21　前掲書16

■事例㉟

　ケンタくんは、0歳児より保育園に入園し、1・2歳児では、保育室から飛び出してホールや事務所で遊ぶなど、保育者が「気になる子ども」であった。ケンタくんの保育園では、0〜2歳児全員と3歳児以上の診断されている障がいのある子どもを対象に「個別の指導計画」を作成していた。3歳児への進級を控え、担任のナガノ先生が継続してケンタくんの「個別の指導計画」を作成した方がよいのではないか、また、保護者にどのように伝えてとり組むべきかと、園長、主任保育者に悩みをうちあけ、専門家に相談があった。そこで、ケンタくん、保護者、保育者の困っていることやねがいなどのニーズを明確にしたうえで「個別の指導計画」を作成すること、保育者と専門家がチームを組み保護者と連携しながらとり組むことにした。また、これまで担任保育者が毎月「個別の指導計画」を作成するだけになっていた

め、従来の「個別の指導計画」のシート（期間、項目など）や保育体制についても見直すことにした。その結果、ケンタくんの「個別の指導計画」は従来の月間ではなく、期間（前期・後期）[※22]で作成することにし、表5-4のようなシートを作成し、全職員でとり組むことにした。

　保育の実践後には必ず「個別の指導計画」をもとにケンタくんの姿と保育をふり返り、全職員参加のケース会議を開き、次につながる評価と調整をおこなうことを大切にした。ケース会議では、ケンタくんの気になる行動の裏にあるねがいや悩み、保護者の思いやねがいなどが明らかになり、次のねらいや手だてが導き出された。また、ケンタくんだけでなくクラスの一人ひとりのやりかたの違いや個性を認めていく保育が必要ではないかと、多様性が発揮しあえるクラス活動の重要性が指摘され、ともに育ちあう仲間関係のなかですべての子どもが主体性を育てていけるような、子どもの内面の育ちを大切にしたクラスの指導計画と連動させ、定期的にふり返っていくこととした。さらに、「個別の指導計画」のシート（期間・項目など）についても評価をおこない、ケンタくんに寄り添った期間と項目になっており、計画を活用しやすかったなどの評価をふまえ、次の「個別の指導計画」の作成に向けて、調整（改善・継続など）すべきことを全職員で確認しあった。

　ケンタくんが5歳のときに「自閉症スペクトラム」と診断されたので、保護者支援や、家庭、療育などの専門機関、小学校との連携についてもさらに配慮しながら計画を作成した。これまでのケンタくんの経過や家庭との連携がよくわかる「個別の指導計画」になっていたので、専門機関や小学校へ情報をつなぎ、連携して支援をすることがスムーズであった。

※22　3・4歳児では、前期（4〜8月）・後期（9〜3月）に分けていたが、5歳児では、就学までの一年間ということで、就学に向けた課題等もでてくることが予測されたため、前期（4〜8月）・中期（9〜12月）・後期（1〜3月）に変えた。

　上記のケンタくんの事例では、保育者と専門家が検討し、①ニーズ把握、②計画の作成、③保育の実践、④計画の評価・調整の4つの手順で進め、その作成プロセスを繰り返しおこなうこと（図5-5参照）を大切にした。

　作成プロセスにおいて、①ニーズ把握をていねいにおこなうことで、ニーズに応じた支援・指導、保育体制、家庭や関係機関との連携、「個別の指導計画」のシート（期間・項目など）について検討することができ、具体的で実践的な②計画の作成、③保育の実践につながった。また、④計画の評価・

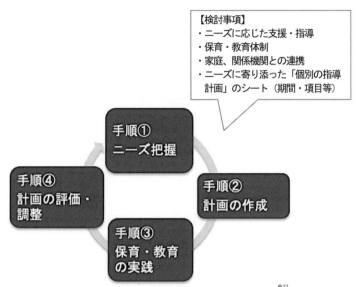

【検討事項】
・ニーズに応じた支援・指導
・保育・教育体制
・家庭、関係機関との連携
・ニーズに寄り添った「個別の指導
　計画」のシート（期間・項目等）

手順①
ニーズ把握

手順②
計画の作成

手順③
保育・教育
の実践

手順④
計画の評価・
調整

図5-5　「個別の指導計画」の作成プロセス　（深川（2019）[※23]を一部改変）

調整をしっかりとおこなうことで、さらなる①ニーズ把握、②計画の作成、③保育の実践につながるというように、作成プロセスをくり返すことで、真のニーズがみえてきて、よりニーズに寄り添った「個別の指導計画」を作成し活用することができた。従来の「個別の指導計画」のシートを見直し、対象児のニーズに寄り添ったシート（期間、項目など）（表5-4参照）を再検討することで、より効果的な「個別の指導計画」にすることができた。[※23]

次に、「個別の指導計画」の作成プロセスにおけるそれぞれの手順について大切にすべきことを示す。

①ニーズ把握

家庭や関係機関と連携し、これまでの育ちや療育の経過、親のねがいなどを参考にしたうえで、子どものねがいや悩みと保育者の思いやねがいを整理する。その際、日々の観察や記録が重要になる。[※24]子どもの変化や成長に気づいたり、行動の特徴や意味を考えることで、その背景と子どものねがいや

※23　前掲書16, 参照
計画（Plan）、実践（Do）、評価（Check）、調整（Adjust）のPDCAサイクルに「ニーズ把握」を第一ステップとして加えたもの

※24　障がい児保育における記録（第5章3）参照

表5-4 「個別の指導計画」のシートの例（C保育園、期間）

個別の指導計画

年度 （　　　）期　　　　　　　　保育所
（作成者：　　　　　　　　　　　）（作成日：　　年　　月　　日）
　　　　　　　　　　　　　　　　　（評価日：　　年　　月　　日）

氏名：　　　　　　（男・女）平成　　年　　月　　日生　　　　組（　　歳児）

	本人	保護者	保育者
ねがい・なやみ			
年間目標			
（　　）期目標			

領域・活動	子どもの姿	ねらい	手だて	変容と評価・調整
生活				
ことば				
全身運動・手指操作				
対人関係				
あそび				
クラス集団への取組				
保育体制・職員間の連携				
家庭との連携				
他機関との連携				
総合的な変容と評価・調整				

悩みを理解することができ、目標や手だてなど保育の方向性を考えるヒントにもなる。他方、子どもの変化の見通しがもてなかったり、その子どもに寄せる保育者の思いやねがいが明確になっていないと、園全体の保育やクラスの保育に流される傾向に陥り、目標も「みんないっしょ」が先行し、「クラスに慣れる」「みんなの中に入る」「先生や友だちといっ

しょにする」などのあいまいな目標だけで終わってしまう危険性がある。

　また、目に見える変化をすぐに求めるだけでなく、障がいや発達の状態、保育を受ける年数を考え、卒園までの見通しをもち、子ども自身が内面に何をため込んでいくのかという視点をもって、子どもの内面の育ちをみつめた「個別の指導計画」を作成することが大切である。[25] そのためにも、「個別の指導計画」を作成する際に、子どものねがいや悩み、親や保育者の思いやねがいなどのニーズを把握できていることが大切である。

※25　白石恵理子・松原巨子・大津の障害児保育研究会（2001）『障害児の発達と保育』かもがわ出版

②計画の作成

　「個別の指導計画」を作成する過程で、行動面などの目に見える変化にのみ着目して単に「できることをふやす」ということを目標にするのではなく、①で把握されたニーズに寄り添い、内面の育ちを大切にする。「やってみたい」気持ちから目標やねらいを設定し、その目標やねらいに応じて「楽しかった」という充実感を積み重ねていけるような遊びの工夫を大切にし、クラス集団で遊びを楽しめるような手だてなどを検討する。

　作成するにあたり、ニーズ把握に応じた支援や指導ができるよう、子どもの育ちにあった「個別の指導計画」のシート（年間・期間・月間などの期間、項目など）を検討することも大切である。自治体や園で作成したシートについて、その子どもに寄り添ったものであるか、全職員で検討する機会を設けることも必要ではないだろうか。

③保育の実践

　実践では、目に見える子どもの変化を追うことよりも、子どものねがいや悩みに寄り添い、子どもの内面の育ちをみつめた「個別の指導計画」を作成することで、保育のありかた

※26　障がいの重い子どもの中には、第1章2で記されているように、目に見える変化（「縦への発達」）がなかなかみられない場合もある。子どもの姿を「横への発達」も含めた視点でていねいにとらえ、一見、同じことをくり返し、変化に乏しいようにみえる時期にも、内面的に大切な変化が起こっていること、能力のレベルは変わらなくても場面や相手がちがっても発揮できるようになったという変化があれば、この変化もまた「発達」とみるべきだと指摘されている（茂木俊彦（2004）『発達保障を学ぶ』全国障害者問題研究会出版部）。

も変わってくる。作成する過程で、行動面などの目に見える変化にのみ着目すると、単に「できることをふやす」ということを目標にし、行動や活動を順序だてて羅列しただけの「個別の指導計画」になってしまう。そうなると、保育においても、「まだできない」ことを「できるようにする」ことを追い求めるあまり、表情や身ぶりで気持ちを伝えようとしている子どもの表現を見逃してしまうかもしれない。子どもが何を感じ、何をやりたいかといった「自分自身」が育っていく中心のものを大切にみていく必要がある。

　障がいのある子どもは、意欲や興味をしっかりもつことやそれを表現することにむずかしさをもつことが多く、一見大人を困らせるような行動としてあらわれることもある。ことばでの言い聞かせをなかなか理解できず、自分の思いをことばで伝えることがむずかしいので、保育者は子どもの行動の裏にある思いやねがいと障がいがあるために困っていることをとらえることができずに、「いたずらをやめさせる」という行動をとりがちになり、「関係をつくっていく」という姿勢にたてないこともある。発達とは、できることの寄せ集めではなく、その子どもの意欲や興味が育ち、人とかかわり合い、生活世界が広がっていくことであるという視点と、行動などの目に見える変化をすぐに求めていくだけでなく、長期の見通しをもって子ども自身が内面に何をため込んでいくのかという視点をもつことが大切である。

　子どもの発達の状態に応じた子どもの「やってみたい」気持ちから子どもの目標を設定すると、内面が見えやすくなる。その目標に応じて「楽しかった」という充実感を積み重ねていけるような遊びの工夫を大切にし、小集団やクラス集団で遊びを楽しめるような手だてなどを考える。そのような子どもの内面の育ちをみつめた「個別の指導計画」にもとづいた保育の実践をとおして、保育者や友だちとのかかわりのなかで自分の好きなことややりたい気持ちが育ち、充実した

時間をもてた結果として、「できること」が増えていくのである。

④計画の評価・調整

　実践後には必ず「個別の指導計画」をもとに子どもの姿と保育をふり返り、次につながる評価・調整（改善・継続など）をおこなうことが大切である。単に「目標を達成できたかどうか」が評価ではなく、子どものニーズにあった目標を立てることができていたか、手だてや環境づくり、保育者や友だちとのかかわりはどうだったのかなど、保育を見直し、計画そのものについて評価することで、次の目標やねらい、手だてなどが導き出される。その際、「個別の指導計画」のシート（期間・項目など）が対象児のニーズに寄り添ったものであったのか評価・調整することも重要である。

　ともに育ちあえる仲間関係（集団）のなかで、すべての子どもが自分の人生の主人公であるための主体性を育てていけるような、子どもの内面の育ちを大事にした「個別の指導計画」を作成し、クラスの指導計画とも連動させ、定期的にふり返りながら、課題を評価・調整していきたいものである。

(4)「個別の指導計画」を作成することの意義

　保育園・幼稚園・こども園などでは、支援を必要とする子ども一人ひとりのニーズを把握し、見通しをもって保育することができるよう「個別の指導計画」を作成することが求められる。その際、クラス全体を対象に作成される指導計画と関連づけておく必要がある。また、計画に基づく指導や支援が、長期的にどのような方向性を目指していくのか、家庭や関係機関と連携しながら作成することが大切である。さらに、「個別の支援計画」が作成されている場合や、「個別の教育支援計画」が作成される場合には、関連づけて作成するこ

とで、小学校以降の個別の指導や支援への連続性につながっていく。

　保育園での作成事例でみてきたように、「個別の指導計画」を作成するからといって個別の保育をおこなうのではない。障がいのある子どもも集団のなかに位置づけられる保育をおこなうことが大切であり、障がいのある子どもに必要な手だてを工夫しながら、障がいのある子どもをクラスの仲間として意識させるとりくみが必要になる。そのためにまず、障がいのある子どもを含む保育上支援を必要とする子どもの発達課題と保育課題を明確にすることが求められる。

　「個別の指導計画」を作成する過程で、「子どもの困っていることは何か？」「どんな場面で困っているか？」「要因は何か？」「どのような手だてが必要か？」などと分析していくと、その子どものニーズが把握できる。子どもの行動の裏にある子どものねがいや悩みが見えてくると、さまざまな支援のありかたが考えられ、保育の幅がひろがる。

　また、「ナオちゃんがことばをかけると、自分で片づけしようとする」などのように、クラスの子どもたちの姿も同時にみえてくる。「個別の指導計画」ではあるが、クラスの子どもたちとの“育ちあい”という視点をもち、クラス全体としてどのような保育を目指していくのかというクラスの指導計画を見直す機会にもつながる。

　さらに、障がいのある子どもの保育を担当者まかせにせずに、複数のまなざしで子どもをみつめ、園全体で検討することが大切である。一人の子どもの姿や保育の試行錯誤からていねいに学ぶことは、ほかの子どもたちの姿や保育を見直すことにもつながる。つまり、障がいのある子どもへの個別の手だてを考え実践することをとおして、子どもたち全体に対するみかたや保育のありかたを考えることになるのである。全職員参加で検討会をおこない、情報を共有することで、障がいのある子どもの保育をクラスだけ、担当者だけのものに

※27　クラスにいても、いつも特定の保育者といっしょでクラスの子どもたちとのかかわりがほとんどないという状態や、すでにつくられた保育に障がいのある子どもを当てはめていく保育ではなく、クラスの一人ひとりが大切にされ、障がいのある子どもを含めた集団づくりを位置づけてとり組んでいる保育のことである（心理科学研究会（2000）『育ちあう乳幼児心理学―21世紀に保育実践とともに歩む―』有斐閣）。

せず、職員（保育者、栄養士、事務など）がそれぞれの役割で子どもとかかわり、園全体でとり組むことができる。

　以上みてきたように、「個別の指導計画」の作成プロセスをくり返し、子どものニーズに寄り添った「個別の指導計画」を作成し、活用することが肝要である。そのなかで、①ニーズを把握することで、子ども理解につながり、発達課題と保育課題が明確になり、目標やねらいなどが立てやすい、②クラスの指導計画と連動させ、クラス集団のかかわりについても配慮して作成することで、クラスや園全体の保育の質を高める、③全職員が共通理解をもち、とり組むことができる、④家庭と連携しながらとり組むことができる、⑤小学校への移行のための連携ツールの一つとして活用できるなどの保育効果が期待される。

　「個別の指導計画」を作成することは保育実践のスタートであるということを心に留める必要がある。ここで学んだことをもとに、子どものニーズに寄り添った「個別の指導計画」を作成・活用し、実践・評価する。この PDCA サイクルを大事にして、よりよい保育をめざしてほしい。

 7　職員間のチームワーク

　障がい児保育・特別支援教育を進めるうえで、保育者の対応の違いで子どもの戸惑いはもちろん職員間でギスギスすることがある。「この子には自分で切り替えさせよう」というクラス目標でとり組んでいるのに、他クラスの先生が手助けをしてしまったり、担任同士で対応の仕方が違うこともある。たとえば、自分が「ダメ」と禁止したあとに、別の先生が「いいよ」と対応すると、子どもの戸惑いはもちろん、保育者も穏やかな気持ちで保育ができなくなる。

障がい児保育にとって重要なのは職員間で共通した「子ども理解」である。筆者が受け持った子どもにADHDと診断されたシュンちゃんという子がいた。保育園のあちこちに片付けが苦手なシュンちゃんの持ち物が散乱していた。保育者といっしょに片付けをしていても大好きな三輪車が目に入ると、コップのことは忘れて一目散に三輪車の確保のために外に飛び出していってしまう衝動性もあった。そのコップを見つけたほかの保育者は「忘れてたよ」と部屋まで持ってきてくれた。決して、シュンちゃんの所に行って「片づけが先」と強要したり、「担任はどうしているの」と非難されることはなかった。なぜなら、日々の保育や職員会議のなかで、シュンちゃんを理解して共有する努力を園全体で進めてきたからである。

　シュンちゃんを理解するために「毎日のちょっとしたできごと」をみんなで共有する。いわゆる「子どものイイトコ探し」である。「今日、シュンちゃんがね…」と自慢げに素敵な姿を話す。子どもの前で、他クラスの保育者前で話していると、子どもたちを通して「今日、シュンちゃんがね…」と親に伝わったり、給食の先生がほめてくれたりして、シュンちゃんは保育園のヒーローになる。そんな繰り返しのなかで、毎日、保育園に何人もヒーローが生まれてくる。「こんな素敵なところのある○○ちゃん」と大人の子どもを見る目が変化していくのである。

　しかし、職員間で子どものいいところを伝えあい、子ども丸ごと受け止めていく職員体制を作り出すことは大変である。保育者不足の保育現場では、正規・非常勤・アルバイト・パートなど多様な雇用形態で働いている保育者がいる。クラス担任が全員そろう日がない、今日の保育を明日に引き継げない、親の不安がわからないなど悩みは尽きない。そんなしんどいことが多い保育現場だけに子どもたちの笑顔に癒される瞬間は大事である。子どもを真ん中に職員・親で笑いあえたら、また明日も笑顔でがんばろうと思えるのではないだろうか。保育はそんな笑顔で織り成されていくものだと思う。

附表 1　障がい児保育・教育の関連年表（明治・大正・昭和前期）

年	事　項
1868（明治元）年	堕胎禁止の布告
1969（明治 2）年	「日田養育館」（大分：松方正義）
1872（明治 5）年	学制発布、日本における義務教育制度の始まり 「慈仁堂」（横浜：修道女ラクロット） 「養育院」（東京：渋沢栄一）
1874（明治 7）年	恤 救 規則（貧困者や 70 歳以上の労働不能の者、障害者、病人、13 歳 以下の孤児を育てる者に一定の米を支給）
1874（明治 7）年	「浦上養育園」（長崎：岩永マキ）
1878（明治 11）年	「京都盲唖院」（京都：古川太四郎）
1879（明治 12）年	「福田会育児院」（東京：今川貞山ら）
1880（明治 13）年	「東京訓盲院」（東京楽善会）
1883（明治 16）年	「感化院（民間）」（大阪：池上雪枝）、非行少年を保護、善導
1886（明治 19）年	小学校令（第 1 次） 　※小学校を尋常小学校（修業年限 4 ヶ年）と高等小学校（修業年限 4 　　ヶ年）の 2 段階とする。就学義務の学齢は 6 歳（尋常小学校入学時 　　点）から 14 歳（高等小学校卒業時点）に至る 8 年。尋常小学校修了 　　までの 4 年間を義務教育期間とする。疾病・家計困窮・その他や 　　むをえない児童の就学の義務を猶予すると規定。
1887（明治 20）年	「岡山孤児院」（岡山：石井十次）無制限収容・小舎制・里親制
1890（明治 23）年	小学校令（第 2 次） 　※義務教育である尋常小学校の修業年限を 3 年または 4 年とする。 　　高等小学校の修業年限を 2 年、3 年または 4 年とする。幼稚園・ 　　図書館などとともに「盲唖学校」を小学校に準ずる学校としてそ 　　の設置・廃止などに関して規定した。ここに盲唖教育の法制上の 　　準則があたえられることになった。疾病・家計困窮・その他やむ 　　をえない児童の就学の義務を猶予又は免除すると規定。 「博愛社」（兵庫：小橋勝之助） 「私立静修学校」（新潟：赤沢鍾美）日本最初の託児所
1891（明治 24）年	「聖三一孤女学院」（東京：石井亮一）濃尾大地震の被災児を引き受ける
1897（明治 30）年	孤女学院を「滝乃川学園」と改称、日本最初の知的障害児の施設
1899（明治 32）年	「家庭学校」（東京：留岡幸助）

年	事　項
1900（明治33）年	小学校令（第3次） ※義務教育期間である尋常小学校の修業年限を4年に統一（従来認められていた3年の修業年限を廃止）。1907（明治40）年の改正により尋常小学校の修業年限が2年延長され6年間となる。義務就学規定が明確化されたが、障害児には就学の義務を免除又は猶予すると規定された。 感化法（道府県に感化院の設置が義務づけられた） 「二葉幼稚園」（東京：野口幽香・森島峰）、後に「二葉保育園」に改称（1916年）
1908（明治41）年	感化法一部改正（感化院の数が増加）
1909（明治42）年	第1回ホワイトハウス会議宣言（アメリカ）「児童は緊急なやむをえない理由がない限り、家庭生活から引き離されてはならない」 「白川学園」（京都：脇田良吉）
1914（大正3）年	「家庭学校」分校（北海道：留岡幸助）
1915（大正5）年	「桃花塾」（大阪：岩﨑佐一）
1919（大正8）年	「マハヤナ学園」（東京：長谷川良信）
1921（大正10）年	「柏学園」（東京：柏倉松蔵）日本最初の肢体不自由児の学校（民間）
1922（大正11）年	少年法（旧法）
1923（大正12）年	盲学校及聾唖学校令（特別支援学校についての最初の独立法令）
1924（大正13）年	子どもの権利に関するジュネーヴ宣言（国際連盟）
1926（昭和元）年	「京都聾口話幼稚園」 ※京都市立聾唖学校（現：京都府立聾学校）の保護者有志による設立
1927（昭和2）年	東京盲学校（現：筑波大学附属視覚特別支援学校）に幼稚園（初等部予科）が設置
1932（昭和7）年	「東京市立光明学校」（東京：田代義徳ら）日本最初の肢体不自由児の学校（公立）
1933（昭和8）年	児童虐待防止法　※旧法、不況、貧困等で多くの子どもが犠牲 少年教護法　※感化院から少年教護院へ名称変更
1934（昭和9）年	恩賜財団愛育会設立
1937（昭和12）年	保健所法、母子保護法
1938（昭和13）年	厚生省設置 **恩賜財団愛育会愛育研究所に第二研究室「異常児保育研究室」を設置** （東京：三木安正） ※日本最初の知的障害児のための保育の実践研究機関

年	事　項
1940(昭和 15)年	「大阪市立思斎学校」(大阪)、大阪市立児童教育相談所に併設して設置、日本最初の知的障害児学校
1941(昭和 16)年	国民学校令 ※保護者は満 6 歳の児童が 14 歳になる学年までの 8 年間、児童を国民学校に就学させる義務を負うとされた。上記の学齢児童を(労働力として)使用する者は児童の就学を妨げてはいけないとされた。上記の学齢児童のうち、身体的または精神的に障害があり就学困難な児童は、就学義務を免除することができると規定された。
1942(昭和 17)年	「整肢療護園」(東京：高木憲次)
1945(昭和 20)年	ボツダム宣言受諾、日本降伏、第二次世界大戦(太平洋戦争／大東亜戦争)終結

附表 2　障がい児保育・教育の関連年表（昭和後期）

年	事　項
1946(昭和 21)年	日本国憲法公布(11 月 3 日、文化の日) 「近江学園」(滋賀：糸賀一雄・田村一二・池田太郎)
1947(昭和 22)年	**日本国憲法施行(5 月 3 日、憲法記念日)、教育基本法公布・施行(2006 年に改正)、学校教育法公布(2006 年に改正)** **児童福祉法**　※児童虐待防止法を吸収合併、少年教護院から教護院へ名称変更
1948(昭和 23)年	世界人権宣言 少年法(新法公布)、少年院法(旧法、新法 2014 年公布) **学校教育法施行(4 月 1 日)** ※盲学校、聾学校及び養護学校養護学校の設置を規定。附則で、これらの学校の設置義務に関する部分の施行期日は、勅令で別に定める、とされた。盲学校、聾学校の義務化は、1948(昭和 23)年より学年進行で整備され、義務制の完成は、9 年後の 1957(昭和 32)年であった。養護学校の義務化は、25 年後の 1973(昭和 48)年に「学校教育法中養護学校における就学義務及び養護学校の設置義務に関する部分の施行期日を定める政令」が公布され、施行から 31 年後 1979(昭和 54)年から義務制への移行が実現した。就学義務の免除・猶予の規定は、戦前からの規定が引き継がれた。

年	事　項
1949(昭和24)年	**身体障害者福祉法** 愛育研究所特別保育室(旧：異常児保育研究室)が再開 　※戦争末期に閉鎖されていた
1950(昭和25)年	**精神衛生法(1988年に精神保健福祉法、1995年に精神保健及び精神障害者福祉に関する法律と改称)** 「落穂寮」(滋賀：田村一二)重度知的障害児施設
1951(昭和26)年	児童憲章(5月5日を「こどもの日」と制定)
1952(昭和27)年	「信楽寮」(滋賀：池田太郎)、後に信楽青年寮に改組(1955年4月)
1955(昭和30)年	白川学園(京都)併設の鷹ヶ峰保育園にて特別保育(現：ひなどり学園)実施 社会福祉法人恩賜財団母子愛育会愛育養護学校(幼稚部・小学部)が設立 　※愛育研究所特別保育室からの発展
1956(昭和31)年	**幼稚園教育要領を刊行**
1957(昭和32)年	**児童福祉法の改正によって知的障害児通園施設(満6歳以上)が新設** 　※就学免除・就学猶予にて公教育の対象外とされた知的障害児の受け皿となる
1959(昭和34)年	「秋津療育園」(東京：草野熊吉)
1959(昭和34)年	子どもの権利に関する宣言(国際連合)(11月21日を「世界こどもの日」と制定)
1960(昭和35)年	**精神薄弱者福祉法(1999年に知的障害者福祉法と改称)** 　※当初の名称は精神薄弱者福祉法だったが、「精神薄弱の用語の整理のための関係法律の一部を改正する法律」(1999年4月施行)により知的障害者福祉法に改められた。
1961(昭和36)年	「島田療育園」(東京：小林提樹)日本最初の重症心障害児施設
1963(昭和38)年	「びわこ学園」(滋賀：岡崎英彦・糸賀一雄、初代園長は岡崎英彦) 日本で2番目の重症心身障害児施設 東京教育大学附属大塚養護学校に幼稚部(5歳児)が設置 　※翌年2年保育課程(4歳児)となる
1964(昭和39)年	**母子福祉法　特別児童扶養手当法** 中央児童福祉審議会(現：社会保障審議会)中間報告 　※「保育に欠ける状況」の定義を見直し、「心身に障害のある子どもを含め」と提言 幼稚園教育要領の改訂(第1次)公示
1965(昭和40)年	母子保健法　※母子保健手帳、乳幼児健康診査 **保育所保育指針制定**

年	事　項
1960 年代後半～ 1970 年代	障害児の教育権保障運動が全国的に展開 　※一部の幼稚園や保育所が障害幼児を受け入れる
1966（昭和 41）年	「第二びわこ学園」（滋賀：岡崎英彦・糸賀一雄）
1967（昭和 42）年	国際人権規約（国際連合） 女子に対する差別の撤廃に関する宣言（国際連合）
1968（昭和 43）年	国際人権年 療育記録映画『夜明け前の子どもたち』完成
1970（昭和 45）年	心身障害者対策基本法（1993 年改正で障害者基本法と改称）
1971（昭和 46）年	知的障害者の権利宣言（国際連合） 児童手当法
1973（昭和 48）年	「学校教育法中養護学校における就学義務及び養護学校の設置義務に関する部分の施行期日を定める政令」公布 　※ 1979 年度から養護学校教育を義務教育とすることを決定 滋賀県大津市「保育元年」と位置づけた障害児保育がスタート 映画『保育元年』（1976 年）、『続保育元年』（1977 年）、『続々保育元年』（1978 年）制作
1974（昭和 49）年	「障害児保育事業実施要綱」厚生省（現：厚生労働省） 　※統合保育を制度化→指定保育所方式（各都道府県に 1 ヶ所程度） 「私立幼稚園特殊教育費補助事業」開始 　※障害幼児を一定数以上継続的に受け入れている私立幼稚園に対して公費補助。徐々に、公立幼稚園にも広がる。
1975（昭和 50）年	国際婦人年（国際連合、3 月 8 日を国際女性デーと制定） 障害者の権利宣言（国際連合） 「障害乳幼児対策・大津 1975 年方式」（乳幼児健診を中心とする早期発見、早期療育、保育園・幼稚園の保育・教育） 　※「乳幼児健診大津・1974 年方式」（「受診もれ、発見もれ、対応もれ」をなくす）とともに全国の乳幼児健診および障害児対策のモデルとなる。 映画『光の中に子供たちがいる』（3 部作）制作 　※第 1 部大津市における新しい保育の実践（1974.4 ～ 1975.3：1976年制作）、第 2 部 カズエちゃんの 2 年目（1975.4 ～ 1976.3：1976年制作）、第 3 部「わかれ」は「かどで」（1976.4 ～ 1977.7：1978年制作）
1978（昭和 53）年	「保育所における障害児の受け入れについて」厚生省（現：厚生労働省） 　※一般保育所での障害児の受け入れについて公費補助（入所加算方式による人数加算）

年	事　項
1979(昭和54)年	国際児童年 女子に対するあらゆる形態の差別の撤廃に関する条約(国際連合) **養護学校の義務制実施** 　※就学猶予・就学免除の対象とされてきた障害児の保護者に対して就学義務が、国および地方自治体に設置義務が課せられた。これによって障害児の教育権保障が全国的にすすんだ。
1981(昭和56)年	**国際障害者年**(12月9日を「障害者の日」と制定) 母子及び寡婦福祉法(旧母子福祉法)
1982(昭和57)年	**障害者に関する世界行動計画を決議**(国際連合)、この決議を記念して「12月3日を国際障害者デーに制定」(1992年国際連合) 　※障害者に関する世界行動計画の実施にあたって1983-92年までを「国連・障害者の十年」と宣言し、各国が計画的な課題解決に取り組むこととなった。

附表3　障がい児保育・教育の関連年表（平成・令和）

年	事　項
1989(平成元)年	**子どもの権利に関する条約**(国際連合)、日本の批准・承認は1994年
1990(平成2)年	子どものための世界サミット(1990年9月29日〜30日、国連本部) 幼稚園教育要領の改訂(第2次)公示 **保育所保育指針改訂厚生省**(現：厚生労働省) 　※障害児保育に関する記載が初めてなされる
1992(平成4)年	「**アジア太平洋障害者の十年(1993-2002)**」(第1次、国際連合アジア太平洋社会経済委員会：UNESCAP)を採択 　※「国連・障害者の十年(1983-1992)」に続く取り組みとして、アジア太平洋地域における障害者への認識を高め、アジア太平洋地域内の障害者施策の質の向上をめざす。
1993(平成5)年	障害者の機会均等化に関する標準規則(国際連合)
1994(平成6)年	「エンゼルプラン」（子育て支援のための総合計画：1995-1999)
1994(平成6)年	**日本「児童の権利に関する条約」を批准**
1995(平成7)年	緊急保育対策5か年事業(「エンゼルプラン」のうち緊急に整備すべきもの)

年	事　項
1997（平成 9）年	児童福祉法改正 　※教護院から児童自立支援施設に名称変更、放課後児童クラブが放課後児童健全育成事業として法制化
1999（平成 11）年	少子化対策推進基本方針　「新エンゼルプラン」（重点的に推進すべき少子化対策の具体的実施計画について：2000-2004）
1999（平成 11）年	児童買春、児童ポルノ禁止法 幼稚園教育要領の改訂（第 3 次）公示
2000（平成 12）年	児童虐待の防止等に関する法律（虐待の定義、通告義務） 保育所保育指針改訂 **「特別保育事業実施要綱」厚生省（現：厚生労働省）** 　※障害児保育が特別保育事業の 1 つとして組み込まれる
2001（平成 13）年	厚生省と労働省を廃止・統合して厚生労働省の誕生 文部省と科学技術庁を廃止・統合して文部科学省が誕生 配偶者暴力防止法（DV 防止法） **文部科学省、旧来の「特殊教育」といういい方を変更して、「特別支援教育」という呼称を使用**
2002（平成 14）年	少子化対策プラスワン 「アジア太平洋障害者の十年（1993-2002）」最終年ハイレベル政府間会合を滋賀県大津市で開催（10 月 25-28 日） 　※「アジア太平洋障害者のための、インクルーシブで、バリアフリーな、かつ権利に基づく社会に向けた行動のためのびわこミレニアム・フレームワーク」採択 「アジア太平洋障害者の十年（2003-2012）」（第 2 次、国際連合アジア太平洋社会経済委員会：UNESCAP）を採択
2003（平成 15）年	**児童福祉法改正により保育士が国家資格になる** 次世代育成対策推進法　少子化社会対策基本法 **「今後の特別支援教育の在り方について（最終報告）」（文部科学省、特別支援教育の在り方に関する調査研究協力者会議）**
2004（平成 16）年	児童福祉法改正 　※児童相談に対する体制の充実等 **発達障害者支援法公布、2005 年施行（2016 年改正）** 少子化社会対策大綱、「子ども・子育て応援プラン」（2005 ～ 2010） **「小・中学校における LD、AD/HD、高機能自閉症の児童生徒への教育支援体制の整備のためのガイドライン（試案）」（文部科学省）**
2005（平成 17）年	**障害者自立支援法**

年	事　項
2006（平成 18）年	障害者の権利に関する条約（国際連合）、日本の批准は 2013 年 （2014 年承認） 教育基本法改正 　※子どもの教育機会の均等にあたって障害児への支援が義務化される（第 4 条 2 項） 学校教育法改正（2007 年 4 月 1 日施行） 　※盲学校・聾学校・養護学校の区分をなくし特別支援学校として一本化された 就学前の子どもに関する教育、保育等の総合的な提供の推進に関する法律（通称 認定こども園法）
2007（平成 19）年	「特別支援教育の推進について」（通知）文部科学省
2008（平成 20）年	児童福祉法一部改正 保育所保育指針改訂 　※障害児の保育にあたって個別の指導計画を作成 幼稚園教育要領の改訂（第 4 次）公示、小学校・中学校学習指導要領の改訂公示
2009（平成 21）年	高等学校学習指導要領、特別支援学校学習指導要領の改訂公示 　※従来の盲学校、聾学校及び養護学校学習指導要領より変更
2011（平成 23）年	障害者虐待防止法
2012（平成 24）年	児童福祉法改正 　※放課後等デイサービス、保育所等訪問支援を創設 子ども・子育て支援法 就学前の子どもに関する教育、保育等の総合的な提供の推進に関する法律（通称 認定こども園法）改正 子ども・子育て支援法及び就学前の子どもに関する教育、保育等の総合的な提供の推進に関する法律の一部を改正する法律の施行に伴う関係法律の整備等に関する法律 　※子ども・子育て関連三法、幼保連携型認定こども園以外の認定こども園の設置、2014 年施行 「アジア太平洋障害者の十年（2013-2022）」（第 3 次、国際連合アジア太平洋社会経済委員会：UNESCAP）を採択
2013（平成 25）年	障害者差別解消法（2016 年施行）

年	事　項
2016（平成 28）年	**児童福祉法改正** ※児童福祉法の理念に「児童の最善の利益の優先」、「自立が図られること」を明文化 ※児童虐待の発生予防（市町村に妊婦期から子育て期までの切れ目ない支援を行う母子健康包括支援センターの設置） ※児童相談所の強化、児童相談所に児童心理司、医師または保健師、指導・教育担当の児童福祉士、弁護士の配置、特別区に児童相談所を設置 ※被虐待児への自立支援、要支援里親を法制化、児童相談所の業務として養子縁組に関する相談、支援を位置づけ、自立援助ホームの入所を 22 歳の年度末までの大学等就業中の者まで延長
2017（平成 29）年	幼稚園教育要領の改訂（第 5 次）公示・2018 年度（平成 30 年）より実施 小学校学習指導要領の改訂（第 9 次）公示・2020 年度（令和 2 年）より完全実施 中学校学習指導要領の改訂（第 9 次）公示・2020 年度（令和 2 年）より完全実施 特別支援学校幼稚部教育要領および小学部・中学部学習指導要領の改訂告示
2019（平成 31・令和元）年	世界保健機関（WHO）ICD-11（国際疾病分類第 11 版）を採択 高等学校の学習指導要領の改訂（第 9 次）公示・3022 年度（令和 4 年より）学年進行で実施 特別支援学校高等部の改訂公示、高等学校の実施スケジュールに準拠して実施 **子ども・子育て支援法改正** ※幼稚園、保育所、認定こども園などを利用する 3 歳から 5 歳児クラスの子どもたち、住民税非課税世帯の 0 歳から 2 歳児クラスまでの子どもたちの利用料を無償にする。通称、幼児教育・保育無償化（2019 年 10 月 1 日より実施）

おすすめ絵本リスト

●絵本で学ぶ障がい児保育・特別支援教育

　保育のなかで絵本を読む場面は多くある。絵本は子どもだけでなく、大人にも新たな気づきと楽しみをもたらしてくれる。ここでは「障がい児保育」「特別支援教育」と関連した絵本を紹介する。

　現場に出たときに、保育実践のなかで子どもたちと読むこともできるが、まずは自分自身がじっくり読み、イメージや疑問点を持って学習に臨んだり、学習の内容を振り返りながら読むなど、このリストを活用して学びを深めてほしい。

● 「障がい」について考えてみる絵本

どんなかんじかなあ

作　中山千夏／絵　和田誠　自由国民社　2005
「目が見えないってどんな感じかなあ」「耳が聞こえないってどんな感じかなあ」、さまざまな立場になって考えてみることで、今まで気づかなかったことへの気づきをもたらしてくれる絵本です。

ポケットのないカンガルー

作　エミイ・ペイン／絵　H.A.レイ／
訳　西内ミナミ　偕成社　1970
お母さんカンガルーのケイティにはポケットがない。子どものフレディを入れてやることができずに嘆くケイティは、いいことを思いつきました。「みんなと違う」ことを明るく、前向きに乗り越えていくケイティの姿とアッと驚く結末に心が温かくなる絵本です。

●様々な障がいについて知る絵本

【知的障がい】

からすたろう

作・絵　やしまたろう　偕成社　1979

みんなに馬鹿にされながら、教室の隅っこや床下で一人過ごしていた「ちび」でしたが、新しくやってきた先生は、「ちび」のめちゃくちゃな習字も大事に飾り、発表会ではみんなの前で発表する機会を設けます。彼はカラスのさまざまな鳴き声を見事にまねることができるのでした。そんな彼をみんなは「からすたろう」と呼ぶようになりました。知的障がいのある子どもの可能性と教育の意味を考えさせられる絵本です。

【自閉症スペクトラム】

ふしぎなともだち

作・絵　たじまゆきひこ　くもん出版　2014

自閉症のやっくんはいつもひとりごとをいっている。教室から出て行ったり、大声を出すこともあるけれど、周りのみんなはやっくんのことをよくわかっているので誰も気にしない。転校生のおおたくんの目を通して自閉症の子どもが大人へと育つ姿と彼を取り巻く人々を描く絵本です。

【学習障害】

ありがとう、フォルカーせんせい

　作・絵　パトリシア・ポラッコ／訳　香咲弥須子　岩崎書店　2001
文字や数字を読むことが苦手なトリシャは「私ってみんな
と違うのかな」と悩みます。「みんなと違うってことは一番
すてきなこと」とおばあさんに励まされ、心が温かくなっ
たトリシャでしたが、いじめっ子のエリックに「うすの
ろ！」といじめられる日々。そんなトリシャの悩みに気づ
いたフォルカー先生はトリシャと一緒に放課後の特訓に取
り組みます。

【肢体不自由】

さっちゃんのまほうのて

　　　　　作・絵　たばたせいいち　先天性四肢障害児父母の会
　　　　のべあきこ　しざわさよこ　共同制作　偕成社　1985
「さっちゃんはお母さんになれないよ」「手のないお母さん
なんてへん！」といわれたさっちゃんは、お母さんにたず
ねます。「どうしてさっちゃんの手には指がないの？」。お
父さんの「さちこの手はまほうの手だね」ということばが
胸に響きます。

きいちゃん

　　　　　　　作　山元加津子／絵　多田順　アリス館　1999
寄宿舎で暮らすきいちゃんはお姉さんの結婚式を楽しみに
していましたが、お母さんに「結婚式には出ないほうがい
い」といわれてしまいました。悲しさと悔しさを乗り越え
てお姉さんへの贈り物の浴衣を縫うきいちゃん。そんなき
いちゃんの姿にお姉さんはある決意をするのでした。

【聴覚障がい】

ぼくのだいじなあおいふね

作　ピーター・ジョーンズ／絵　ディック・ブルーナー／
訳　なかがわけんぞう　偕成社　1986

耳の不自由な男の子・ベンの日常をわかりやすく紹介した
本。「ミッフィー」で知られるブルーナーのシンプルで力強
い絵も魅力的です。

ローラのすてきな耳

作　エルフィ・ネイセ／絵　エリーネ・ファンリンデハウゼ／
訳　久保谷洋　朝日学生新聞社　2011

ローラは耳がよく聞こえません。悩んでいたローラは、補
聴器をもらい世界を広げていきます。耳が聞こえにくい女
の子の気持ちを素直に描いた絵本です。耳の聞こえにくい
少女だった作者・エルフィ・ネイセの実体験をもとにつく
られています。

せなかをとんとん

作　最上 一平／絵　長谷川 知子　ポプラ社　1996

しんぺいくんはおとうさんと手話ではなしをします。一度
でいいから、遠くにいるおとうさんに大声でよびかけてみ
たいと思っています。しんぺいくんは、きょう、さかあが
りができました。「おとうさーん」って、おおきなこえでよ
んだら、おとうさんはふりかえってくれるでしょうか。父
と子の心の交流の絵本です。

【視覚障がい】

みえないって　どんなこと？

作・写真　星川ひろ子　岩崎書店　2002

小学校でのワークショップから生まれた写真絵本です。目が不自由なめぐみさんと小学生が触れ合いながら「見えない」ことについて考えていきます。

【医療との連携が必要な子】

ぼくは海くんちのテーブル

作　西原敬冶／絵　福田岩緒　新日本出版社　2002

にぎやかな6人家族が集う西原さん家のダイニングテーブルの視点から、事故で重度の障害を負ったかいくんと家族の日常のようすを描いた絵本。重度の障がいを持つ子どもと家族のようすを描きます。

●子どもの内面を理解する絵本

おこだでませんように

作　くすのきしげのり／絵　石井聖岳　小学館　2008

ぼくはいつも怒られてばかり…。でもぼくのしたことには全部ちゃんと理由があるのです。子どもの内面世界を理解する手がかりを与えてくれる絵本です。

●障害のある子のきょうだいの気持ちを考える絵本

わたしのおとうと、へん…かなあ

作 マリ・エレーヌ・ドルバル／絵 スーザン・バーレイ／

訳 おかだよしえ 評論社 2001

ウサギのリリの大事な弟ドードはうまくお話ができません。弟のことを友達にからかわれたリリはお父さんとお母さんに「ドードを甘やかしちゃだめ」と訴えます。だって弟が大好きだから…。きょうだいのありのままの姿を受け入れる葛藤を描きます。

●インクルーシブ保育・教育について考える絵本

ちいさなおばけちゃんとくるまいすのななちゃん

作 又野亜希子／造形 はっとりみどり あけび書房 2011

ちいさなおばけちゃんはみんなと鬼ごっこをしたいななちゃんを応援します。勇気を出したななちゃんの願いはかなうでしょうか？子どもたちが知恵を絞ってななちゃんと一緒の遊びを作り出す過程を描きます。

はせがわくんきらいや

作・絵 長谷川集平

復刻ドットコム（1976年すばる書房初版の復刻版） 2003

何をやっても「めちゃくちゃ」な、体の弱いはせがわくん。はせがわくんはどうしてみんなと違うのか、「ぼく」ははせがわくんのお母さんにたずねます。「はせがわくんきらいや」といいながら行動を共にする「ぼく」の姿から、さまざまなことを考えさせられる絵本です。

おわりに

　本書は、保育園、幼稚園・こども園、発達支援センターなどの実習・実践に対して座学（大学など養成校での学び）を助けるための内容・構成になっている。また、初めて障がいのある子どもを担当することになった保育者なども対象になる。

　障がいのある子どもの保育は、当然ながら障がいにもとづく特別ニーズにたいして合理的な配慮が必要であるが、すべての子どものもっている基本的ニーズにもとづいて保育をすすめるという点では、障がいのない子どもの保育と変わらない。と同時に、障がいがあるという点では共通であっても、障がい種別や同じ障がいであってもその程度や配慮すべき特性など個々人によって配慮すべき特別なニーズは異なり、個人別の対応（IEP：個人別保育指導計画）が求められる。また、その子の属する集団への対応（GEP：グループ別保育指導計画）も求められる。障がいのある一人ひとりの子どもと所属する子ども集団を軸に、担当の保育者と保育者集団、園の障がい児保育の方針・保育計画・保育実践が展開されるのである。

　本書は、個々の障がいについての基本的な内容とともに、これまでの保育園や幼稚園・子ども園、発達支援センターなどでの実践の成果をふまえて編まれたものである。保育者を励ますために「障がい児保育を経験したことがなくても、経験を積めばやっていける」といわれるが、子どもと共に保育者も成長することが期待される。子どもの立場に立つ保育者になるためには、子どものニーズ（基本的ニーズと特別なニーズ）を理解することと、それに応じた保育をすすめるための知識と技術が求められる。学習によって基本的知識や保育を支える技術を学ぶことは必要なことである。将来、保育者を目指す学生はもとより、すでに現場で保育者として働いている人にとっても、さまざまな現実の問題に直面し、それに対してどう考えるか、解決の糸口をどこに見つけるかなど、具体的な課題場面に遭遇することは避けられない。そのようなときに、大切になるのが、振り返りや学び直しである。知識や技術は、実践と学習との間を行ったり来たりする（往還する）ことで身につき、目の前の取り組みをよりよいものにすることができる。本書が、振り返りや学び直しの一助となればうれしい。

　大学など養成校で学んだときには、覚えることが多くて何が重要かがよくわかっていなかったが、実習を経験したり、現場に出てからの振り返りや学び直しをきっかけ

に、座学で学んだときに、「保育で大事なことは何か」、「知識や技術を身につけることがなぜ大事なのか」、「自ら学ぶことの大事さ」など基本的なことを、もっと熱心に学んでおけばよかったという声をよく聞く。その場合、座学や研修での学びがあるからこそ、現場での実践を一歩深くとらえることができるのであるし、また反対に現場での実践があるからこそ、座学や研修での学びが深くなるのである。現場では、多くの仕事があり、ゆっくり学ぶことができない現実があるが、振り返りや学び直しの機会があれば、直面している課題や困難を解決する糸口を見つけることもできる。実践的な課題に立ち向かうきっかけを本書からぜひ見つけ出してほしい。

　障がい児保育にあたっては、障がいへの配慮（特別なニーズ：障がい種別や障がいの程度、生活の背景、発達水準や発達の原動力など）が何よりも大事であることは言うまでもないが、このような配慮（視点）は、障がいのない子どもへの配慮と共通する場合も少なくない。基本的ニーズをベースにしつつ、特別なニーズへの配慮が必要な子どもは、障がいのある子ども以外にも保育園、幼稚園・子ども園に多い。本書では、保育の基本的なあり方と特別なニーズへの配慮のあり方を同時に伝えている。このテキストを通じて、保育の基本として学んでほしい。

　最後になりますが、本書の出版の意義を認め励ましてくださった文理閣代表の黒川美富子さん、編集長の山下信さんに心から感謝します。編集にあたっての貴重なアドバイスありがとうございました。また、本文イラストを描いてくださった吉永真理恵さん、カバーイラストを描いてくださった野田泰江さんにお礼を申し上げます。とても親しみやすい本になりました。ありがとうございました。

2020年5月5日
新型コロナウイルス感染症緊急事態宣言のもとで自粛中の子どもの日に

　　　　　　　　　　　　　　　　　　　　　編著者を代表して　荒木美知子

執筆者・編集担当者一覧
（執筆順）

野村　　朋　（大阪健康福祉短期大学教授）編者、はじめに、第1章編集担当、第5章編集担当、第1章
　　　　　　　1節、2節、第5章1節、おすすめ絵本リスト

荒木　穂積　（立命館大学名誉教授）第1章編集担当、第3章編集担当、第1章3節、コラム1、2、
　　　　　　　第3章4節、附表

井上　洋平　（佛教大学社会福祉学部准教授）第2章編集担当、第2章7節、第5章2節（3）

青山　芳文　（立命館大学産業社会学部教授）第2章1節

高井　小織　（京都光華女子大学健康科学部准教授）第2章2節

高橋真保子　（社会福祉法人コスモス・発達相談員／大阪成蹊短期大学非常勤講師）第2章3節

松元　　佑　（立命館大学大学院社会学研究科博士後期課程）第2章4節

高木　玉江　（大阪健康福祉短期大学准教授）第2章5節

松島明日香　（滋賀大学教育学部講師）第3章編集担当、第2章6節、第3章5節

立田幸代子　（岸和田市役所保健部健康推進課発達相談員）コラム3、第3章2節

富井奈菜実　（奈良教育大学専任講師）第3章1節

篠原　純代　（社会福祉法人堺市社会福祉事業団堺市立第2もず園園長）第3章3節、第5章2節（2）

長崎　純子　（NPO法人夢いろ児童発達支援事業ぱれっと施設長）コラム4

荒木美知子　（龍谷大学社会学部教授）編者、第4章編集担当、第5章編集担当、第4章1節、
　　　　　　　おわりに

深川　　望　（立命館大学客員協力研究員）第4章編集担当、第4章2節、第5章4節

武内　　一　（佛教大学社会福祉学部教授）コラム5

竹内　謙彰　（立命館大学産業社会学部教授）コラム6

中川かをり　（元大阪健康福祉短期大学准教授）第5章2節（1）

永谷　孝代　（大阪健康福祉短期大学講師）第5章3節、コラム7

カバーイラスト：野田泰江、本文イラスト：吉永真理恵

編者紹介

野村　朋（のむら とも）
大阪健康福祉短期大学教授

荒木美知子（あらき みちこ）
龍谷大学社会学部教授

主体性をはぐくむ障がい児保育

2020 年 8 月 15 日　　第 1 刷発行

編　者　　野村　朋・荒木美知子
発行者　　黒川美富子
発行所　　図書出版　文理閣
　　　　　京都市下京区七条河原町西南角　〒600-8146
　　　　　TEL（075）351-7553　FAX（075）351-7560
　　　　　http://www.bunrikaku.com
印刷所　　モリモト印刷株式会社
ISBN978-4-89259-873-9